できる営業は、「これ」しかやらない

短時間で成果を出す「トップセールス」の習慣

伊庭正康
Iba Masayasu

PHP

はじめに

⊙営業ほど面白い仕事はない

叱られることを承知で言います。

「営業ほど面白い仕事はない」

偽らざる気持ちです。

なぜなら、私のように不器用で、人見知りの人間であっても、ゲーム感覚で楽しみながら結果を出せますし、何よりお客様から多くの感謝をいただけるからです。そんな職業は他にはないでしょう。


もちろん、条件はあります。

「正しいやり方」をすれば、です。

ラッキーにも、私はその正しいやり方を、周りのトップ営業マンから学ぶ（盗む）ことができました。そして気がつけば、前職のリクルートでは、残業をすることもなく、年間全国1位をはじめ、40回を超える表彰を受けることができたのです。また、過分にも営業部門長や、小さな会社の代表を任される経験もしました。

ただし、正しいやり方を知らないと、見える景色はまったく異なります。

結果は不安定となり、常に数字のプレッシャーを感じることになりますし、お客様に感謝されるどころか、下手をすると嫌われることすらある。それも営業です。

私はその後、研修の会社を設立し、4万人を超えるビジネスパーソンに研修を行ってきました。また今も、営業力強化をはじめとしたトレーニングを提供しています。

研修先では、現場で奔走する営業マンの悲鳴にも似た悩みを聞きます。

「やることが多く、商談の時間を確保できない…」
「市況が変わり、目標達成が厳しい…」
「コロナの影響で、お客様のアポが取れない…」
「そもそも、お客様に関心を持てない…」

そのほか悩みは数多《あまた》ありますが、どの悩みに対する回答も同じ。

「正しいやり方」を知ることです。私が研修でお伝えしている、「〝お客様の期待〟を超える行動をとる」ことに注力すれば、すべてが解決します。

でも、これだけではわかりにくいですよね。

その具体的な方法は、この本でしっかりと紹介していきます。

◉人見知りでも日本一になれる、それが営業

と、偉そうに言いましたが、白状します。

もともとの私は、悩みだらけの不器用な営業マンでした。

目標のプレッシャーで夜うなされ、飛び起きてしまうこともありましたし、お客様に嫌われるのではないかという不安から、愛嬌《あいきょう》を振りまきながらも、常に気を使い続けていたものです。なんとか、「期待」に応えねば…と。

また、人からはそう見えないと言われるのですが、**実はそうとうな人見知り**です。

若い頃よりはだいぶマシになりましたが、今でも妻からは笑われています。

犬の散歩も少し緊張します。話しかけられたらどうしよう…と。

近所の86歳のお婆さんが道端にいらっしゃるだけで、遠回りをして帰ろうかと迷う自分に、「なんでやねん」と自分でツッコミを入れて、挨拶をしていたりもします。

そんな私でも、「飛び込み営業」「テレアポ」は、かなり上手にできます。

経営者への「コンサル営業」に至っては、得意中の得意です。

なにより、お客様のことは、「大好き」と胸を張って言えます。

◉会社では営業の「正しいやり方」を教えてくれない

そんなにうまいことといくのか、と思われたかもしれません。

私があなたの立場でも、そう思うでしょう。

いかなる特性の人でも、ノウハウを身につければカバーできる——。

これが私の実感です。

性格や性質は先天的なものですので、変えることは難しいですが、ノウハウは後天的にいくらでも身につけられます。

だからこそ、いつも思うのです。

「正しいやり方」を身につけることがいかに大事かを。

でも、どうでしょう。会社で教わることは、「商品を売るため」の知識だけになっていないでしょうか。また、営業マン教育でよく行われるロープレ（ロールプレイング）も、「商品を売るため」のロープレだけだと、間違えたスイングで素振りをしているようなものです。

もう一度、言います。

営業の正しいやり方とは、動きまわることでも説得しまくることでもありません。1日の限られた時間の中で「お客様の期待を超える行動」をどれだけ実践できているか、です。

でも、その方法を知らないがために、かつての私のように苦労している人が多いのも事実。そういう人たちに正しいやり方を知ってほしい――。

これが、私が研修の会社を興した動機であり、この本を書いた理由でもあります。

⦿これからも営業が絶対なくならない理由

もう少しだけ、語らせてください。

では、これからの営業はどうあるべきか。

セールスフォースリサーチが、全世界２９００名を対象に調査をした結果は参考になります。（※①）

調査では、**「ＡＩを導入した組織ほど、営業を増員している」**というのです。

でも、なぜでしょう。

ＡＩがあれば、わざわざ営業なんてしなくても、ネット販売で済むはずです。

だって、ＡＩは膨大なデータをベースに、最適解を提示してくれるわけですから。

「あなたには、これが最適です」と。

でも、これだけでは、購買に至らないことを企業はすでに学習したわけです。

確かに、ＡＩは〝ディープ・ラーニング〟によって、膨大なデータ（訪問回数、契約率など）を読み取り、最も効率の良い訪問先やタイミングを正確に教えてくれます。効率アップのための切り札であることは間違いありません。

でも、**購買に至るには「顧客の心の機微」をとらえたやりとりが不可欠である**ことも

※①セールスフォースリサーチ「第３回年次レポート セールス最新事情」（2018年）

わかったのです。

「この人は、いつも気づきと洞察を与えてくれる」
「この人は、自分のことをよく知ってくれている」
「その上で、的を射た（カスタマイズした）提案をしてくれる」
だからこの人から買いたい、と。

そうした顧客と営業マンのやりとりの中で、信頼が生まれ、継続的な契約に至ることを企業は学習しました。それが、競合会社に対する参入障壁となるわけです。

営業がなくならない理由は、まさにここにあるのです。

◉「必要とされる営業」と「淘汰される営業」の違い

「お客様の期待に応えるだけではなく、お客様の期待を超える解決ができる」こと。

これこそが、これからの営業に求められる介在価値です。

簡単に言うと、**お客様の言いなりになっていてはダメ**ということ。

お客様が、「1つだけ欲しい」とおっしゃったとき、「わかりました！　すぐに取り寄せます」と言って契約書を用意する営業マンでは、ネット販売に置き換えられるということです。これでは期待には応えていますが、期待を超えてはいません。

これからお客様が必要とする営業はこんな感じ。

営　業「ありがとうございます。すぐに取り寄せます。
　よろしければ、納品後にスムーズにご利用いただけるよう、懸念点を一緒に
　整理しませんか？
　お忙しいと思いますので、場合によっては現場の皆様に10分程度の簡単なレ
　クチャーを、オンラインでさせていただきますよ」

お客様「助かります。ぜひお願いします」

営　業「あと、来年の計画のことを考えると、もう2個あったほうが、新体制のスタ
　ートがラクになるのではないかと思うのですが、いかがでしょうか？」

お客様「確かに…（よく、考えてくれているなぁ）」

どうでしょう。言いなりになっていないでしょ。面白そうだと思いませんか。

これが期待を超える営業の対話です（あくまで一例ですが…）。

難しそう、面倒くさそう…と思った方も安心してください。

「気合と根性で、足で稼ぐ」

「口八丁手八丁で、なんとかセールスする」

「ただひたすら御用聞きをする」

そうした営業に比べればはるかにラクですし、やりがいも格段に違います。


必要とされる営業マンは、「強引」な人ではなく、「熱心」な人です。

この両者の違いにものちほど触れます。


本書では、私が営業研修で提供しているスキルに加えて、研修では紹介しきれない理論、具体的な実践方法も紹介していきます。

きっと、あなたの営業の「道しるべ」となることを確信しています。

営業はこれからも、まだまだお客様が必要としてくださる職業です。

では、さっそくまいりましょう。


株式会社らしさラボ代表取締役／トレーナー　伊庭正康

目次

第2章 「今の時代に合った」営業力の身につけ方

第3章

「あなたから買いたい」と思われる営業になる

第4章

「目標を達成し続ける」営業が、実は必ずやっていること

第5章 これを勉強しておくだけで、営業は一気に面白くなる！

第6章

生産性3倍！トップセールスの「時間管理術」

第7章

「営業がうまくいかないとき」のリアルな対処法

第1章

営業の「悩み・ジレンマ」は、ここに気づくだけで解決する

01

コロナ以降、お客様に会えなくなった

お客様に電話をかけても不在が続く。最近、商談件数が明らかに減ってきている…。この先、どうしたらいいのだろうか…。

⊙以前のように、「足で稼ぐ」ことができない

いよいよ、業種によっては「足で稼ぐ営業」が通用しにくくなってきました。「テレワークの導入が進み、そもそも担当者が事務所にいない…」そんな状況が当たり前になってきていませんか。

元に戻ることを願うのはもうやめましょう。

まず、こうした**「会えない時代」の営業の在り方**に触れておきます。

デル・テクノロジーズの調査（2020年8月）は参考になります。（※①）

大手企業ではなく、国内の中堅企業約470社への調査ですから無視はできません。

※①デル・テクノロジーズ「IT投資動向調査追跡調査」（2020年8月）

テレワークを実施している中堅企業は、実に約6割（63・9％）。

注視すべきは、この次。

その**半数（54・1％）の中堅企業がテレワークを継続**すると回答しているのです。

大手の動きはさらに早く、テレワークの方針を2020年5月に次々と発表。

NTTは、オフィス部門の出社率を5割未満にする方針を発表しましたし、富士通グループも、出勤率を最大25％程度にする基本方針を発表、日立製作所に至っては、「幅広い職務」で在宅勤務の活用を標準とした働き方を推進すると発表しました。

これらはほんの一部。私の大手企業のクライアントのほぼすべてが、テレワークの方針が明確になったと言います。こうなると、担当者が事務所にいないことはもちろん増えますし、出勤していたとしても、やることがいっぱいで商談どころではない状況が当たり前になります。

実際、私が各社の営業研修でいただく質問が、まさにこの悩み。

「テレアポをしていても、不在率が増えた。何か対策はないか？」

「上司は〝訪問をしなさい〟と言うが、断られることが増えた。どうすべきか？」

今までのやり方の踏襲だけでは、通用しなくなってきていることがわかります。

◉「ハイブリッド型の営業」にチャンス到来！

だからといって、ネガティブな状況では、決してありません。

法人営業でも、個人営業でも一緒。むしろ、営業においては、未曽有のチャンスが到来しているのです。

私の知る会社では、訪問や電話に加えてオンラインを駆使することで、商談数が増え、契約率も飛躍的に向上したという声を聞くことが増えました。

オンライン商談で移動がなくなったので、商談数が2倍になった。（外資保険会社）

画面共有を使い「アンケート」を行うと、契約率が2倍になった。（電話広告会社）

メールからオンラインへの誘導で、商談化率が25％になった。（動画編集会社）

では、なぜ、そこまで効率がアップするのでしょう。

まず、オンラインだと、地域の壁がなくなります。

日本全国、グローバルを対象にフェイス・トゥ・フェイスの商談ができるので、〝受注確度の高いリスト〟に絞っても、リストが枯渇することはありません。

まだ、あります。商談化率を高める**「コールド・メール（営業メール）」**（67ページ参照）を使ったり、WEBの情報提供画面を使って**「情報提供から商談に導入するシナリオ」**を用意したりすれば、わざわざ断られることを前提としたテレアポをするより、はるかに効率の良い営業ができるようになっているのです。


もちろん、「足で稼ぐ」ことは、これからも必要です。

フェイス・トゥ・フェイスで話すことを求めるお客様もいらっしゃいます。

ただ、大事なことは、「訪問」だけではダメということ。これからは訪問、電話、オンラインを駆使した「ハイブリッド型の営業」ができる人に、チャンスが訪れるのです。

この本では、**ハイブリッド型の「新たな勝ち筋」**を紹介していきます。

Point

ウィズコロナは、営業にとってビッグチャンス。新しい勝ち筋を見つけよう！

02

営業の仕事は、AIにとって代わられるのでは…

AIの普及とともに営業はなくなるのだろうか。
だとしたら、今後のキャリアを考えると不安になる…。

⦿AIを導入する会社ほど、営業マンが増えている理由

営業マンの人口は大きく減っています。

国勢調査によると、ピークは2000年。営業マンは468万人もいました。しかし、2015年には、なんと営業マンは336万人にまで減少したのです。（※②）

わずか**15年で100万人以上、つまり大都市の人口に匹敵する営業マンが日本から消えた**わけですから、この数字だけを見ると、沈みゆく斜陽職種に見えるのも無理はありません。

でも、実態を知ると、不安どころか、勇気が湧いてくることでしょう。

※②『なぜ、男子は突然、草食化したのか』（本川裕、日本経済新聞出版）より

AIを利用する会社ほど、営業人員は増加

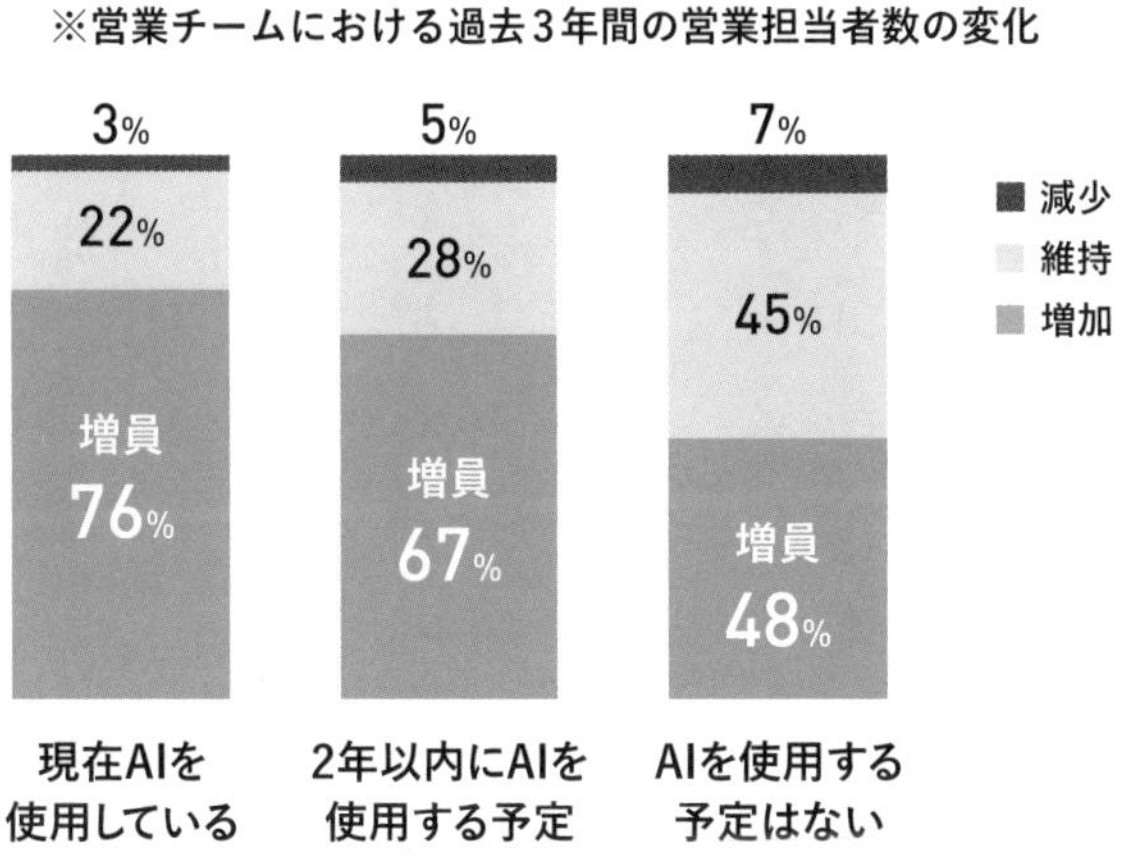

セールスフォースリサーチが、全世界2900名以上の営業担当者・リーダーを対象に行ったアンケート調査では、**AIを導入した営業組織ほど、営業担当者を増員**している傾向があるというのです。（※③）

なぜだと思いますか。

AIはリストや顧客管理の精度を高めてくれますが、さらに顧客の購買意欲を高めるためには、「データには反映されない感情の機微」を考慮した対話が不可欠であるとわかったからです。

同様に、エン・ジャパンが転職コンサルタントを対象に行った「AIに代替される仕事、されない仕事」の調査

※③セールスフォースリサーチ「第3回年次レポート セールス最新事情」（2018年）より。上のグラフも同様

でも、**AIに代替されにくい職種トップ3は「経営者」「経営企画」「営業系」**との回答を得ています。（※④）

このことからも、すべての営業がなくなるわけではないことがわかるでしょう。

⦿「なくなる営業」と「必要とされる営業」

つまり、「なくなる営業」と「必要とされる営業」に分かれるわけです。

であれば、これから増える営業と、減る・なくなる営業を知っておくべきでしょう。

まず、**増える営業の1つ目は「インサイドセールス」**。

これは電話、メール、オンライン等を用いて、データを駆使しながら効率の良い営業を行う手法のことです。この領域の人口は増えています。

国勢調査の職業別人口では、「営業・販売事務従事者」は、2010年は56万人でしたが、2015年は70万人と増加。この流れは今後も加速すると言われています。

増える営業の2つ目は「コンサルティング的な営業」です。

コミュニケーションを通じて、お客様の気づかない課題を導き出し、提案を行う営業

※④エン・ジャパン「『ミドルの転職』コンサルタントアンケート集計結果」（2016年5月）。160名が回答

です。この領域はＡＩが導入されるほど、ますます必要になる営業です。

一方で、**なくなる営業は「インサイドセールスに代替される営業」**。「商品を案内するだけ」「御用聞きをするだけ」の営業は、契約1件あたりの獲得コストが見合わないため、インサイドセールスに置き換わる流れになってきています。

だからこそ、テレアポ、ルート営業をしている方にお伝えしたいことがあります。

今から、「お客様の需要を喚起するコミュニケーション」ができるようになっておいてください。いつでも「インサイドセールス」「コンサルティング的な営業」へのシフトができるように。

その方法もこの本では紹介していきます。

Point

お客様の需要を喚起するコミュニケーションができる人は、これからも大丈夫！

03

ルーティンワークばかりで、面白さを感じない

ルーティンワークばかり。このままでは、専門性が身につくとはとても思えない…。他の職種のほうがいいのかな…。

⦿「まだ、その域に達していない」だけかも

研修講師として、新人の皆様に営業研修をする機会が多くあります。

その際、よくいただく質問がこれ。

「ルーティンワークが多く、どうやって面白さを見つければいいのでしょうか？」

確かに、営業は、ルーティンワークで成り立っている職業とも言えます。

暑い日も寒い日も、晴れの日も雨の日も、今日も明日も明後日も、決めたことをやり続ける、これが営業の日常です。

でも、営業の本質が見えると、営業職は、単純な「ルーティンワーク」ではないこと

に気づけます。むしろ、「営業ほど、クリエイティブさを発揮できる仕事はそうそうない」と言う人も少なくありません。

私は、**「営業はアートである」**と言い続けています。本心です。

でも、誰もが営業になったばかりの頃は、そうではありません。

私もそうでした。「思った以上につらいな」「単調で成長実感がないな」、そんなことばかりを考えていました。それが営業として一人前になるための〝成長痛〟と気づくのは、その数年後のことです。

でも、この話をすると、よく言われるのがこれ。

「本当に、営業で成長実感を得られるのか？」です。

だとしたら、ぜひ見ていただきたい面白い調査結果があります。

セレブリックスの「営業職に関するアンケート調査」です。(※⑤)

「営業として働く前の印象とのギャップ」について調べた結果。

その第1位は、

「意外と頭を使って考える時間がとても多く、やりがいと難しさがある」

※⑤セレブリックス「営業職に関するアンケート4」(2018年4～7月)。営業経験3年目までの20代営業職（135名）を対象に、匿名のアンケート調査を実施

つまり、多くの営業マンが、どこかのタイミングで「頭を使う仕事」であることを自覚するわけです。したがって、**「ルーティンワークばかり」と感じているとしたら、「まだ、その域に達していないだけ」とまず疑ってみる**ことをお勧めします。

⦿私が営業の面白さに気づいたきっかけ

「営業が面白い」と思えるようになった人には、共通することがあります。

彼らは、自分なりの**「ジョブ・クラフティング」**ができていたということです。

ジョブ・クラフティングとは、仕事のとらえ方を変えることによって、やりがいを見出していく手法のことで、米イェール大学経営大学院のエイミー・レズネスキー教授とミシガン大学のジェーン・E・ダットン名誉教授が提唱した理論です。

ジョブ・クラフティングのやり方は、大きくは3つ。

- 自分なりの工夫をすること（工夫をするプロセスに面白さを感じる）
- 仕事の意義をとらえ直すこと（世の中のために役立っていることを実感する）
- 人との関わり方を見直すこと（関わる人を変えることで、新たな刺激を受ける）

このうち、1つでもできると、仕事のとらえ方が変わります。

私もそうでした。最初のキャリアは求人広告の営業。担当地域は大阪の北新地。スナックやラウンジに飛び込み営業をし続ける仕事で、最初は成果が上がらずストレスを感じていました。しかし、上司の計らいで別事業部のトップセールスの方に同行させていただいた際に、**「営業とは、これほどまでにお客様から感謝される仕事なのか」と感動したことが、私の営業人生を変えました。**

まだまだ、お客様への関心や提案の工夫が足りなかったことを痛感したものです。


まだ、その域に達していない…。

これは、誰もが通る道です。

この本では、ジョブ・クラフティングのヒントもたくさん紹介していきます。

Point

その域に達すると、営業は「頭を使う面白い仕事」であることに気づけるようになる。

04

そもそも、電話がストレス

知らない人に、電話をかけるのが怖い。でも、電話をしないと仕事にならないし…。なぜトップセールスの人は、簡単に電話をかけられるのだろうか…。

⊙4割の人が〝電話恐怖症〟の時代

あなたは、電話をかけることに抵抗はありませんか？

セゾン自動車火災保険の2020年の調査では、電話をかけるのも出るのも抵抗がある、そんな**〝電話恐怖症〟の人は4割いる**という結果が出ています。

そんな状況で、電話をかけなさい、と言われるわけですから、苦手な人にとってはもはや罰ゲームのようでもあり、ストレスが溜まるのはムリもありません。

でも、直接会うわけでもないのに、なぜ電話がストレスになるのでしょう。

まず、ここを理解しておかないと、対策を講じにくくなります。

電話恐怖症の要因は2つ。

1つ目は、そもそも電話に慣れていない、ということ。

今は、SNS、グループチャット、メールでの会話が中心です。

電話だときちんと話せるだろうか、といった不安を耳にします。

実際、仕事の電話には独特の言い回しがあり、「もしもし」とも言いませんし、「大丈夫です」とも言いません。代わりに、「お世話になっております。○○の□□でございます。お忙しいところ、誠に恐縮でございます」「かしこまりました。承ります！」といった丁寧な言葉遣いが必要になります。そういった言葉遣いでうまく話せない…という不安が、電話が苦手な要因にもなっています。

要因の2つ目は、「否定される」ことへの恐怖です。

「いらないよ！（ガチャ）」「今、忙しいから（ガチャ）」「営業は結構です（ガチャ）」

営業の世界では「ガチャ切り」と言われる、とても嫌な瞬間です。

私の研修でも、またYouTubeでも、「このガチャ切りへの対処法を教えてほしい」という声は多く、その数はますます増えているようにも感じています。

◉電話をうまく使えることが、今後は「強み」になる

むろん、ガチャ切りをゼロにはできませんが、その確率を下げることはできます。

それ以上に知っていただきたいのは、**電話をうまく使えれば、むしろ良好な関係を築くことができ、さらには電話だけで身内のような関係にもなれる、**ということです。

イメージを持ってもらうために、福岡県に本社を構えるエバーライフという健康食品・化粧品の通信販売会社の、あるトップオペレーターのトークを紹介しましょう。テレビ番組で紹介されていたトークを、一部わかりやすく整理しています。（※⑥）

「お元気ですか？　はい。ありがとうございます。
はい。はい。あっ、よかったです。この間の新しい商品ですよね？
はい、ありがとうございます。う～ん、う～ん、う～ん、そうですか。
今、音楽が聞こえていましたけど、カラオケでもやってらっしゃるのですか？
お孫さんと一緒に…。そうなんですね。実は、私にも初孫ができまして…」

※⑥TBS系『がっちりマンデー!!』（2014年1月26日放送）より

これが、トップオペレーター（営業）の電話での会話です。

このように聞き手に徹し、ムダにも思える世間話も展開することで、お客様に親近感を持ってもらうのだと言います。売上につながるばかりか、一対一の関係性も生まれ、お客様が漬物を送ってくださることもある、とのこと。

これこそが、目指すべき電話営業の姿です。

セオリーを知れば、誰でもできます。

実は、私も電話恐怖症でした。

でも、セオリーを覚えたことで、訪問せずとも一対一の特別な関係をつくることができるようになりました。また、異動で担当を外れる際に送別会を開いてもらったことは、大きな自信にもなりました（そこで初めてお会いすることに）。

この本では、**誰もが電話を使って、効率的な営業をする方法**も紹介していきます。

Point

会えない時代、うまく電話を使えると、むしろ効率アップ！営業にとってアドバンテージとなる。

05

本当は、事務職希望なのに…

営業職になりたかったわけではない。会社都合で営業に配属されただけ。残るも地獄、去るも地獄。まいったな…。

⦿事務部門から営業職への配置転換が加速

事務部門（総務、人事、経理など）から営業部門への配置転換は、常に起こります。

「本当は好きじゃないけど、仕方なく営業をしている…」もしあなたがそうだとしたら、今後どのように働いていくべきかを考え直しておいたほうがいいでしょう。

DX（デジタルトランスフォーメーション）によって、事務作業が自動化され、事務部門を縮小する動きが加速しています。さらに、景気が低迷すると事務作業量が減るため、その縮小に拍車がかかっています。

住友生命保険は2022年度末までに、事務などに携わる従業員2000人を配置転換。みずほ銀行も2023年度末までに、事務員のうち約3割の3000人程度を営業に配置転換。そんな記事が新聞に載っていました。もちろん、これらはほんの一例です。

日本の会社は、そう簡単には社員をクビにしたりはしません。雇用を守ろうとしてくれます。ただし、営業部門への転換を前提に。そして、その転換が、営業に異動させられる人を苦しめます。

「残るも地獄、去るも地獄。同じ地獄なら、〝営業でも〟残ったほうがいいか…」

そんな悲痛な声が、新聞記事の行間から聞こえてきそうです。

でも、その考え方は、早計。

「事務職経験は、考えようによっては営業のチャンスにできる」ということを知っておいて損はないでしょう。

◉「経験を武器にする」という発想

私の先輩の事例を紹介します。

彼は、当時40歳。それまでは人事の採用部門で活躍した人物でした。

そんな彼が、私と同じ、求人広告の営業部門にやってきました。営業未経験ながら、彼はすぐに頭角を現します。広告の提案だけではなく、人事で培《つちか》った自らの知見を活かし、選考方法や人材定着の方法を提案したのです。クライアントは経営者が多く、彼の知識を歓迎しました。

もはやコンサルタントのようなもの。彼はすぐにトップセールスになりました。

そもそも、営業そのものに特殊な専門知識はいりません。

それこそ私は学生のときに営業をしていました。バイトでもできる、それが営業です。営業職をバカにしているのではなく、素敵な仕事である、と言いたいのです。

少し古いデータになりますが、リクルートキャリアが営業職1500人に聞いた調査は参考になります。（※⑦）

必要なスキルは、特殊技能ではなく、「課題発見力」と「ヒアリング力」だ、という結果が出ているのです（詳細は127ページを参照）。

これができていれば、学生でもできるわけです。確かに、私の後輩のトップセールスには、中卒の元調理師もいますし、元タクシー運転手もいます。なかには元無職の人もいました。営業からエンジニア、営業から財務へのキャリアシフトとなると、キャッチ

※⑦リクルートキャリア「営業職1500人に聞いた『16分野別』絶対不可欠スキル」（2012年7月）

アップに時間がかかりますが、営業への転換はそうではないのです。

でも、結果が出ない、という人もいるでしょう。理由は簡単です。営業の正しいセオリーを教わっていないことが、その要因ではないでしょうか。格闘技でたとえるなら、基本の型を知らずに、手をぐるぐると振りまわす、「ケンカ殺法」で闘っているようなものかもしれません。

私は、学生のときに、営業のセオリーをリクルートで教わったので、できただけです。お客様の話を遮《さえぎ》らずに30分間聞き続ける方法、「今は不要なので結構です」と断られたとしてもそこから商談を軌道に乗せる方法など、**営業には知らねばならない正しいセオリー＝「型」がある**のです。

この「型」を知らずに営業をすると、いくら社会人経験があってもうまくいくはずがありません。この本では、誰もが結果を出せる、営業のセオリーを紹介していきます。

Point

前職の経験は武器になる！　そのために、まず営業の正しい方法を覚えよう！

06 ノルマのプレッシャーがとにかくキツイ

ノルマがつらくて逃げ出したい、という衝動にかられたことはないだろうか。でも、冷静に考えると、未達成でもクビになるわけではないのだが…。

⊙夜、ノルマでうなされた日々

あなたは、営業ノルマがキツくて、夜にうなされたことはないでしょうか。

私は新人の頃、あまりのプレッシャーから、金縛りになったことがありました。夢の中でも飛び込み営業をし、寝汗でぐっしょりになりながらうなされていたこともあります。

ノルマのプレッシャーは、常に襲ってきました。慣れないうちは、本当につらいものです。

実際、ノルマに苦しむ声は少なくありません。

マイナビが調べた調査を見ると明らかです。（※⑧）

Q：営業職はつらいですか？　それとも楽しいですか？

つらい51・9％　楽しい48・1％

・ノルマが課せられる（40歳以上／小売店／男性）
・数字に追われている（40歳以上／食品・飲料／男性）
・厳しいノルマがある（40歳以上／金融・証券／男性）

確かに、営業の悩みのほとんどは「ノルマ」に起因するといっても過言ではないでしょう。「ノルマがなければ、そこまで無理しなくても」と思えることばかりでしょうし、ほとんどの悩みは解消できるのではないでしょうか。

⊙ノルマのプレッシャーを軽くするコツ

とはいえ、**ノルマの本質を理解できるようになると、おのずとノルマのプレッシャーはなくなる**ものです。

※⑧マイナビが営業職に従事する社会人81名に調査（2016年2月）

こう考えてください。

営業ノルマは、ただの「ゲーム」。未達成でも、リスクは本人にはほとんどない、と。

これが本質。法的な解釈から考えると、そりゃそうなのです。考えてもみてください。

・ノルマが未達成でも、労働基準法があるのでクビにはならない。
・ノルマが未達成でも、上司は罵《ののし》ることはできない（パワハラになるので）。
・ノルマが未達成でも、ペナルティを課すのは労働基準法で違法（評価は下がるが）。

そもそもよく考えてみると、企業と営業マンの間にあるのは、ノルマを完遂する契約ではありません。

フルコミッション（フルコミ）でなければ、ノルマ達成を前提とした請負契約ではなく、あくまで雇用契約。

雇用される側は、ノルマの未達成が続こうとも、かなり守られているのが現状です。

芸人、歌手、スポーツ選手などと比べたら、天国のような契約ではないでしょうか。

デメリットがあるとしたら、「その会社での居心地が悪くなる」という不安くらいでしょう。

私が、ノルマのプレッシャーから解放されたのは、ある支社長の言葉のおかげでした。

「そこまで、自分を追い込まなくていいよ。4回中3回、3回中2回、達成できれば、合格じゃないかな。むしろ、組織に影響力を発揮してくれるほうに期待したいな」

肩の荷が下りた瞬間でした。

もし、ノルマがつらいと思っていたら、こう考えてください。

ノルマは、あくまで「ゲーム」。未達成でも、リスクはない、と。

だからこそ、むしろ営業を楽しんだほうが正解、ということなのです。

Point

冷静に考えれば、ノルマは「ゲーム」でしかない。心はホットに、頭はクールに！

07

ノルマのプレッシャーに「魂」を売りそうになる

「オーバートーク（嘘や過大な提案）」に、最近何のためらいもなくなってきている…。いくら目標を達成するためとはいえ、これで本当にいいのか…。

◉営業マンが「洗脳」されるとき

とはいえ、ノルマのプレッシャーは、人としての判断を狂わせてしまう怖さもあります。ノルマの効果は強烈で、子どもでもやってはいけないとわかるようなことでさえ、正当化し、やってしまうのです。いや、会社ぐるみでやってしまうことさえあります。

もともと善人だった人が目標を達成するために、ついお客様に過大な提案をしてしまう…。そういったことは枚挙にいとまがありません。

そうならないよう、ここでは、**ノルマのプレッシャーとの対峙の仕方**を確認しておきましょう。

前出のセールスフォースリサーチのレポートでは、米国、ドイツ、日本、オーストラリア、ニュージーランド、カナダ、フランス、英国、アイルランド、オランダ、シンガポール、香港で働くセールスパーソン約3000人に聞いたところ、実に、**約6割（57%）が今年度の売上目標を達成できそうにない**と回答しています。

ノルマの未達成は、日本だけでなく、全世界共通の悩みであることがわかります。

そのような背景から、不適切な行為が起こりやすいのが営業。

デロイト トーマツ ファイナンシャルアドバイザリー合同会社が上場企業3653社を対象に行った調査では、過去3年間で不正事例ありと答えた企業は46・5%となっており、特に営業部門は不正防止への対策に非協力的だとされています。（※⑨）

また、不正行為の1位は「横領（不正支出含む）」、2位が「会計不正（架空契約等）」です。あなたの会社の営業部門で、このような不適切な行為はなかったでしょうか。

横領や架空契約はなかったとしても、**「お客様に不誠実な営業トークをしてまで、目標を達成すること」が許され、お咎《とが》めなし、ということはないでしょうか。**

ありがちなのは、「オーバートークで、お客様に必要以上のプランを提案する」といったことでしょう。「今しかやっていないキャンペーンです」といった嘘をついて、契

※⑨デロイト トーマツ ファイナンシャルアドバイザリー合同会社・有限責任監査法人トーマツ「企業の不正リスク調査白書 Japan Fraud Survey 2018-2020」

約をもらうことも、絶対にやってはいけません。

⊙正々堂々、それがトップセールスへの道

コロナ禍の今、多くの営業マンはノルマ未達成にあえいでいます。不景気であろうが、企業は利益を出していくことが必要であり、そのため営業にかかる負荷が高まっているからです。

こんなときこそ、営業マンは、基本に立ち返ることが最良の薬。厳しいとき、追い込まれたとき、私もそうでしたし、周囲のトップセールスの多くもその誘惑がなかったと言えば嘘になるでしょう。しかしそれでも、当然ながらオーバートークはしません。

ここが、分かれ目です。

私自身のことを言うと、正々堂々、これが貫く姿勢だと肝に銘じています。きれいごとではありません。論理的に考えるほどに、当たり前のことだからです。営業で成績を出し続けるには、「紹介をたくさんいただくこと」「リピート率を高くすること」が絶対の条件になります。

そこで、大事になるのがこれ。

「売れる顧客基盤」を持つことです。財産（資産）と一緒。

良い顧客基盤があれば、紹介は増え、リピート率も常に9割を超えるようになります。私もそうでした。基盤のおかげで、雪だるま式に業績が上がっていくことを実感しました。気がつけば、営業マン平均の6倍の売上になっていたこともあります。

「お客様に誠実であり続ける」と最初から決めていましたが、このほうが成果が上がることを強く確信したものです（良い「顧客基盤」をつくる方法については、167ページで解説します）。

お客様は、口にはしませんが、営業マンの一挙手一投足をチェックしています。不誠実な行為がいかに自分の首を、また会社の首を絞めるかを、認識しておくといいでしょう。

周囲の人がどうであれ、自分は自分。誠実さは、必ず業績になって返ってきます。

この本では正々堂々と結果を出す方法を紹介します。

Point

持続的にノルマを達成するためには、お客様に「誠実」であることが絶対の条件になる。

08 「自信のない商品」を売らねばならない

ウチの会社はブランド企業でもないし、商品もNo．1とは言えない。もっとブランド力や商品力があれば、もっと思い切って営業できるのに…。

⊙多くの営業マンが自社の商品に自信を持っていない

「扱っている商品に商品力がない。どう考えたらよいのか？」

実は、このジレンマを抱えている営業マンは少なくありません。**「自社商品に自信を持っている営業は約半数しかいない」**という調査結果もあるくらいです。（※⑩）

ここでは、多くの営業マンが直面する「自信のない商品を営業するジレンマ」について触れておきましょう。

まず、営業マンが自社の商品力を考える際に、注意すべきことがあります。それは、「他社の製品」と比較するのは間違い、ということです。

※⑩カーナープロダクトが約1000人の営業マンと経営者（社長を含む幹部役員）を対象に行ったアンケート調査より

どんな製品にも一長一短があります。
営業が考える商品力とは、「お客様のニーズを満たせているか」がすべてです。

先日、カーディーラーの営業マンが、こんなことを言っていました。
「この車、２００万円で売れたんです。いい買い物をされました」

その車は、やたらと小さく、メーターの最高速度は95キロ。
高速道路は走れないでしょう。
しかも、安全基準もまったく満たしていませんし、命の保証はありません。
当たり前のように、壊れることもあると言います。乗り心地は最悪とも言います。
そんな車が２００万円。しかも、お得とも言うわけです。
いかがでしょう。これは、お買い得でしょうか？

私はお買い得だと思いました。
50年前のオールドカー、フィアット５００です。
ここで、言いたいこと。それは、**営業はお客様を選ぶことが大事**ということ。

本当に必要とする人を見つけ、販売する、それが営業です。

まず、あなたの商品を必要としている人を探すこと、つまり良いリストをつくることが営業活動では極めて重要なのです。ねじ込んで販売するのは押し売りです。

〝そのお客様〟に満足していただければよい――それが営業の基本思想です。

⦿商品力とは、「製品そのもの」だけではない

さらにいきましょう。商品力に自信がないときほど、営業の力が必要です。

マーケティングの大家、フィリップ・コトラーの「プロダクト3層モデル」を知るといいでしょう。

商品＝「基本機能」
＋「デザイン・ブランドなど」
＋「サービス（営業・フォロー・保証など）」

各要素の呼び方には少しアレンジを加えましたが、言っていることは同じです。

マーケティングでは、営業マンの価値も商品に含まれるのです。

あなたにも、経験があるのではないでしょうか。

「この人だから買った」という経験や、「この人から買いたい」という経験が。

私もあります。機能やデザインに十分満足できない自動車を買ったことがあるのですが、その時は営業マンを気に入って購入しました。私が自動車を買うことは、営業マンと付き合うことも含めているからです。

つまり、商品の機能、デザインやブランドに自信がなかったとしても、「営業マンの価値」でそれを補完することは十分に可能なわけです。

基本機能、ブランドで差別化ができないときほど、むしろ営業で差別化をすべく、腕を振るうべきときとも言えるわけです。

この本では、「この営業の人に担当してもらうなら、価値がある」と思ってもらう方法も紹介していきます。

Point

「商品」とは、製品そのものだけではない。営業マンの価値も含まれている。

09

お客様と関係をつくるのが難しい

トップセールスのようにお客様と関係を築けない。
自分にはセンスがないのだろうか…。

⦿なかなか心を開いてもらえない

営業をしていると、悲しくなるくらいに、冷たくされることも少なくありません。
それは、トップセールスでも同じ。最初はそんなものです。
ここでは、**お客様と関係を構築できない悩み**に触れておきましょう。

実際、アタックス・セールス・アソシエイツの「日本の営業実態調査２０１９」の結果からも、その傾向は顕著。約85・９％の営業マンが何かしらの不安を抱えていますが、その要因の１位は「お客様と関係構築できているか」（51・４％）だと言います。

私にも、何度も経験があります。求人広告の営業をしていたときのことでした。先輩から引き継いだ大口のお客様でしたが、口をきいてもらえないどころか、事務所にも入れてもらえなかったのです。

そのため、訪問をしても「インターホン越し」の会話のみ。

「今は、いらない（プチ）」「来週、同じ原稿で掲載しておいてください（プチ）」

それだけの会話。

まさに逃げたくなる瞬間ですが、大口のお客様です。逃げ出すことは、自分の首を絞めるわけですから、まさに逃げるも地獄、通うも地獄。そんな無間《むけん》地獄のような状況に直面していました。営業をしていると、誰しも、近い状況に置かれることは少なくないものです。

でも、**営業を正しくしていると、次第に関係は変わってきます。**

この半年後、応接間で商談ができるようになりました。

そのまた半年後、ご家族の身の上話を聞く関係になっていました。

そして、担当をして2年がたったとき、異動のため担当を離れることになりました。

そのことをお伝えしたところ、私の「壮行会」を開いてくださいました。

⦿お客様との「関係の5段階」を知る

このように、逆風の状況から、信頼関係をつくることも営業の醍醐味の1つ。

お客様の冷たい態度は、営業マン（あなた）のせいではありません。営業職という職業に対する、警戒感から生まれていることがほとんど。

あなたが否定されているわけではないので、安心してください。

このお客様も後で聞くと、「新しい営業マンだったので、様子を見ていた」ということでした（なかなか、ハードなテストではありましたが）。

だから、正しく営業をすれば、関係を変えることができるわけです。

この時、次の「関係の5段階」を知っておくと、その悩みは軽くなるでしょう。

《関係の5段階》

レベル1：警戒（この営業マン、どんな人だろうか…、心配だな）
レベル2：安心（どうやら、悪い人ではなさそうだ）
レベル3：親和（最近は、少し親しみやすさを感じてきた）
レベル4：信用（思った以上に知識もあるし、言ったことも覚えている。いいね）

レベル5：信頼（誰よりも親身になって考えてくれそうだ。相談してみようか）

最初の数か月、まず「警戒」を解き、「安心」してもらえる人になり、さらに「この営業マンとは話しやすい」と感じてもらえるように努力をするわけです。

その過程で、「キチンとした人だ」と信用されるようになり、最終的には、「身の上話を相談してみよう」と信頼をいただく。この流れをすべてのお客様に行う、それが営業の大切な仕事でもあり、醍醐味でもあるわけです。

まとめます。もし、お客様との関係を構築できない悩みがあれば、こう自問自答してください。「いま自分はどのレベルにいるのか」と。

レベルによって、対策が変わります。

この本では、短期間で、レベル5「信頼」の関係をつくるコツを紹介していきます。

Point

お客様との関係は、〝少しずつ〟レベルをアップさせていくもの。

第2章

「今の時代に合った」営業力の身につけ方

01

オンラインの「ドブ板営業」は最強！

2倍の商談数、2倍の契約数……営業効率が一気に高まっている営業マンは少なくない。いかなる業界であれ、オンラインで営業をしない理由はない。

◉5社にメールを送って、1件の契約をする口ベタな大学生

もし、あなたが「テレアポしかしていない」「飛び込み営業しかしていない」ということなら、営業マンとして時代に取り残されていると考えてください。

あなたの会社のやり方、業界のしきたりがどうであれ、です。

私もかつてやりまくった王道の方法ですが、時代は変わりました。

夏の日はスーツから汗の塩が噴き出し、冬は凍えた冷え切った手で名刺交換をしまくる……。オンラインを使うことで、もうそんな必要はなくなったのです。

オンライン営業だと、かつては想像できなかったほど、探客の効率アップを狙えるよ

うになったのです。
まず、私が受けたオンライン営業の実例を紹介しましょう。

突然、見知らぬ人から、私宛てに1件のメールが来ました。

「YouTube の動画作成を格安でしています。

伊庭さんの YouTube を拝見し、ご提案できる点もあると存じます。

作品サンプルの動画（URL）も用意しました。ご視聴いただければ幸いです。

もし、よろしければオンラインで、詳細のご紹介もできます」


普段は、営業メールは無視をすると決めているのですが、サンプル動画には興味があったので、メールに記載されていたURLをクリックし、視聴してみました。

悪くない出来栄えでした。

格安と言っているので、確認だけでもしてみようと、オンラインで打ち合わせをすることにしました。

オンラインに映ったのは、驚いたことに九州の地方に住む大学生でした。

営業は未経験で、お世辞にもトークが上手とは言えません。

とはいえ、動画作成の腕は確かそうだったので、お願いしてみることにしました。

ちょっと、彼に尋ねてみました。「何件のメールをして、何件の受注なのか?」と。

すると、20通のメールを送ると、そこからの成約が4件とのこと。

実に20%の受注率。かなりの高確率です。

どうでしょう。これが、オンライン営業の実態なのです。

⊙オンライン営業の流れは簡単

オンライン営業で探客を行う場合、2つの方法があります。

1つは、「電話+オンライン」。まずはテレアポと同じようにコールをします。肝心なのはその次。アポイントを取る代わりに、その場でオンラインツールのURLを送り、オンラインで情報を提供しながら、その流れで商談をしてしまうのです。

わざわざ営業マンが来ることには抵抗があるものの、オンラインで情報交換する程度なら聞いても損はない、と考える人は少なくありません。だから、商談効率が2倍になるわけです。

もう1つの方法は、「メール+オンライン」。

ホームページに記載のアドレスやSNSを通じて、直接メッセージを送ります。

知り合いでない相手にいきなり送るメールのことを「コールド・メール」と言います。

もともと経営幹部や著名人といった〝偉い人〟へのアプローチ手法としては普遍的なものだったのですが、この**「コールド・メール」が、一般的な営業の現場でも使われるようになってきた**のです。

これができれば、テレアポの必要はなくなります。

では、オンラインの商談に誘導するための「コールド・メール」のセオリーを紹介しましょう。

◉今こそトライしたい「コールド・メール」

まず、営業先の対象を絞ってください。

「絶対に興味を持ってくれそうな属性」に絞ることが重要となります。

先ほどの九州の大学生は、YouTubeの登録者数、更新頻度から対象を絞り、狙いを定めて、「動画制作請負」のメールを送っていました。

対象を絞ったら、ホームページに記載のアドレスかSNSに連絡をします。

その大学生が送ってきたメールが次ページです（文言を若干修正しましたが）。

突然の連絡を失礼します。
私、○○○○の△△△△と申します。
現在、動画編集のお手伝いをいたしております。

今回は伊庭正康様のYouTubeを拝見させていただき
・チャンネルの再生回数UP
・さらに登録者数をUP
・視聴維持率を高める編集のクオリティ
のアルゴリズムに準拠した編集をご提案いたしたく、
ご連絡をさせていただきました。

下調べ

以下が私の情報となります。

【1.ご参考動画／このような動画を作成いたしております】
・動画2本
https://youtube.com/ ＊＊＊＊＊＊＊＊＊＊＊＊＊＊＊＊＊
https://youtube.com/ ＊＊＊＊＊＊＊＊＊＊＊＊＊＊＊＊＊

サンプル

【2.使用ソフト】
Adobe Premiere Pro
Adobe Photoshop
Adobe After Effects

【3.納品本数の目安】
週あたり4〜5本

【4.サービスの特徴】
・スピード感のある対応。
（最低3時間以内。平均30分以内には返信します）
・納期に余裕を持った納品。即納にも対応。
・比較的安価
・動画のコンサルテーション
（チャンネル成長を共に盛り上げていきます）

具体的なメリット

動画編集を通して、課題を解決する一助になれれば幸いです。
ご希望であれば、お試しで1分動画を作らさせていただきます。
オンラインでお話をさせていただくことは
可能でございましょうか？
最近の傾向のお話もさせていただけると存じます。
何卒、ご検討の程、宜しくお願いいたします。

オンラインへの誘導

ーーーーーーーーーーーーーーーー
●●●●●●●
●●●●

〒＊＊＊-＊＊＊＊
＊＊＊＊＊＊＊＊＊＊＊＊＊
TEL:＊＊＊＊＊＊＊
Mail: ＊＊＊＊＊＊＊＊＊
ーーーーーーーーーーーーーーーー

私のもとには、彼だけではなく、このような「コールド・メール」が、大手メール配信スタンド会社、大手出版社、大手コンサルティング会社からも来ます。
興味があるものの場合には、情報だけでもと思い、話を聞くようにしています。
もちろんですが、興味が喚起されるものでないと、無視します。

興味を喚起するポイントはシンプルです。
「下調べ」「サンプル」「具体的なメリット」「オンラインへの誘導」の4点。

これらがないと、迷惑メールとしてしか見られませんので、無視されるでしょう。スパムメール扱いとなってしまわないように、先ほどの4点には注意をしてください。

もし、まだオンライン営業を本格的にやっていないなら、実験的にでも始められることをお勧めします。実験を繰り返す中で、驚きの効率アップを実現できるでしょう。

Point

今すぐ、オンライン営業を得意技の1つにしておこう！

02

客先に行く前に、「エクセル」と向き合え！

むやみに訪問をしていないだろうか？　訪問前にリストを厳選しているだろうか？　まずエクセルを使い、アプローチすべきところ、しないところを決めよう！

⦿「営業しない先」を決めることで、すぐに新規開拓数は2倍になる！

以前、ある方からこんな相談を受けました。

「半年で新規開拓を〝今の2倍〟まで引き上げたい。どうすべきか？」

セオリーを知っていれば、答えは簡単です。

「営業をしてはいけない対象を決め、アプローチ先を厳選する」ことです。

「いくら営業スキルがあったとしても、ニーズのない客先への営業だと効率が悪い」ということは、頭では誰もがわかっています。でも、リストのセグメンテーション（グループ分け）を十分にやっている人は少ないのが現実ではないでしょうか。

この相談を受けた後、一緒にリストを厳選しました。

原始的ですが、エクセルで検証をしました。

まず、全リストからの「直近の契約率」を出すことがスタートです。

全リストからの契約率が3%だったとしましょう。

今度は、クラスター（ある集団）ごとに契約率を出します。

効率の悪いクラスターを「リストから削除」するためです。

削除して、全体の契約率が6%のリストとなるように絞ればいいわけです。

気合と根性でアプローチ数を2倍にする必要はありませんし、スキルを一気に高めるといった理想論を唱える必要もありません。スキルが低くても、リストを絞れば一瞬で2倍の契約を実現できます。


この時は、クラスターを「業界別」「従業員数別」「拠点数別」「他社利用実績別（会社ごとに分けて）」「他社利用の対前年伸び率別」などの切り口で分け、それぞれ契約率を抽出。計算上、契約率が6%となるアプローチ先に絞って、新規開拓をしました。すると、結果は計算通りに。それまでと同じ訪問件数で、営業部門全体の新規開拓数が2倍になったのです。

⦿「自分で考えること」をやめてはいけない

でも、こう思われたかもしれません。

「エクセルで？　しかも、貴重な営業時間を割いて？　そんなことは営業本部（営業企画）がやってくれよ」と。確かに営業本部がやることがベストです。ただ、これからの変化の激しい時代、営業マンも自分自身で検証をするチカラを持つことは不可欠です。

今や急成長企業として注目される、ワークマンの考え方は参考になるでしょう。(※①)

同社では、全社員に「エクセルを使ったデータ分析」を習得することが義務づけられています。「ＡＩがあれば、エクセルなんてムダ」のようにも思えますが、それでもワークマンはエクセルを選択したのです。

「AIだと社員が考えなくなる。自分で考える力は必要。だからエクセル」と。

ＡＩは「○○をしている人は△△を買っている」といった相関関係はわかりますが、その因果関係を説明することはできません。そここそが重要だとワークマンでは考えたわけです。

営業も一緒です。仮説を立てるために、１か月のうち、半日くらいは、エクセルと向

※①『ワークマンは商品を変えずに売り方を変えただけでなぜ２倍売れたのか』（酒井大輔、日経ＢＰ）より

き合ってもいいでしょう。そのほうが結果的に、効率的な営業が可能になります。

グレーの箇所に絞るだけで、契約率はすぐに2倍になる!

属性1	属性2	属性3	対象数	契約率
同業A社利用	A業界	従業員数 多	380件	7.0%
同業B社利用	A業界	従業員数 多	1,200件	6.4%
同業A社利用	B業界	従業員数 多	200件	5.8%
同業A社利用	C業界	従業員数 多	600件	5.2%
他社利用なし	A業界	従業員数 多	250件	4.6%
他社利用なし	D業界	従業員数 中	1,000件	4.0%
同業A社利用	D業界	従業員数 中	50件	3.4%
同業A社利用	E業界	従業員数 中	800件	2.8%
同業B社利用	E業界	従業員数 多	650件	2.2%
同業C社利用	F業界	従業員数 多	400件	1.6%
同業C社利用	B業界	従業員数 多	200件	1.0%
同業C社利用	C業界	従業員数 多	1,500件	0.4%
同業C社利用	D業界	従業員数 多	200件	0.3%
同業A社利用	G業界	従業員数 少	1,500件	0.3%
			8,930件	3%

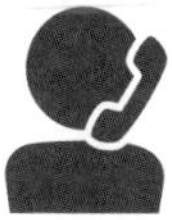

アプローチ数 1,000件 → 3% → 契約数 30件

属性1	属性2	属性3	対象数	契約率
同業A社利用	A業界	従業員数 多	380件	7.0%
同業B社利用	A業界	従業員数 多	1,200件	6.4%
同業A社利用	B業界	従業員数 多	200件	5.8%
同業A社利用	C業界	従業員数 多	600件	5.2%
他社利用なし	A業界	従業員数 多	250件	4.6%
			2,630件	6%

アプローチ数 1,000件 → 6% → 契約数 60件

Point

訪問件数を増やすより、まずは「リスト」を絞ろう!
効率がきっとアップする!

03 クレームをもらったほうが、紹介が増える理由

クレームがないからと安心してはいけない。「何も言わないお客様」より、「クレームの対応に満足したお客様」のほうが、ロイヤルカスタマーになる確率が高いのだ。

◉何も言わない人ほど怖いものはない

「ユニクロの悪口言って100万円」

今から25年前、商品力に課題を感じていたユニクロが、顧客の声にならない不満を聞き出すために行った企画。最終的に届いたクレームは、約1万件。

その後のユニクロの躍進を見れば、**顧客の声にならない不満に対して、迅速に対応する姿勢がいかに大切か**がわかります。

でも、なぜ、クレームをもらうことが大事なのでしょう。

これは「消費者行動理論」でも古くから証明されていること。左図をご覧ください。

グッドマンの法則

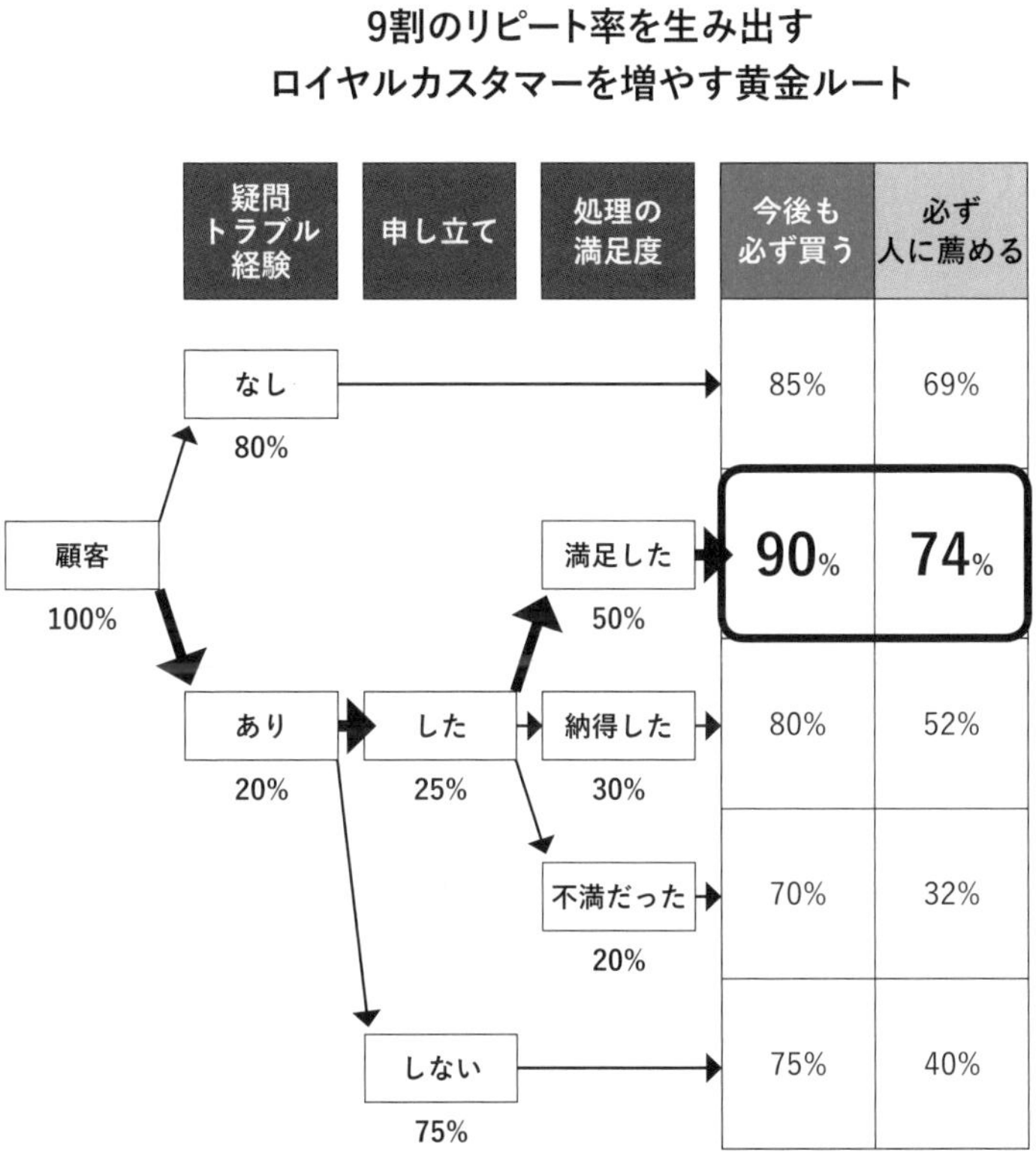

出典：『顧客体験の教科書』（ジョン・グッドマン、東洋経済新報社）に掲載の図を、筆者が一部整理

これは、消費者行動分析の第一人者、ジョン・グッドマンが提唱した「グッドマンの法則」で、顧客サービスの世界では定番の理論となっているものです。

この理論を知ると、**ロイヤルカスタマーをつくる黄金ルートは、クレームをゼロにすることではなく、声にならない声をしっかりと聞き出し、満足のゆく対応をすること**であることがよくわかります。こうしたことは、ＡＩではとてもできません。

⦿「声にならない不満」に気づけない営業は生き残れない

ここで言いたいことは、これからの営業は売るだけではダメ、ということ。

質問によって、「声にならない声」を聞き出し、ちょっとした表情やしぐさから、「声にならない声」を察知し、「すぐに満足のいく対応」をとる。

だからといって、「不満な点はないですか？」と聞くだけでは、営業としては失格。「大丈夫です」という答えが返ってくるだけです。

一方、**「10点満点で何点ですか?」**と聞くと、「8点」と答えられるかもしれません。

あとは「何があれば満点になりますか?」と聞けば、声にならない声を聞き出せるはずです。

さらに言えば、トップセールスは、お客様に聞かずとも、「声にならない〝不〟」をずっと想像しています。だから、不満の言葉をもらう前に「満足のいく対応」をすることができ、リピート率・紹介率が高くなる、というわけなのです。

ただ最初は、〝すぐ察知〟はできないかもしれませんので、点数で聞くことがお勧めです。私の研修でも、すぐに誰もができるワザとして紹介し、好評を得ています。

「声にならない声」に誰よりも関心を持ってください。

きっと、リピート率・紹介率が変わります。

Point

満足度を「10点満点」で聞いてみよう!

04

「売り込み」型のスタイルは古い！今は〝エモーショナルコネクション〟で勝つ！

「契約をもらうまでの熱量」と「契約後のアフターフォローの熱量」に差はないだろうか。お客様は、〝事前の期待とのギャップ〟がない営業マンを評価する。

◉売れ続ける営業は、「購入後」に圧倒的な差をつける

最初に、質問をさせてください。

「〝契約までの売るプロセス〟と〝契約後のフォロー〟、どちらのほうが、お客様に対する熱量が高いですか？」

私の研修でいつも聞く質問ですが、毎度のこと会場からどよめきが起こります。ほぼすべての営業は、契約までの熱量のほうが高いからです。

でも、**売れ続ける営業マンは、そうではありません。むしろ、「アフターフォロー」で他の営業と圧倒的な差を見せます。**

営業における「熱量の法則」

お客様が評価するのは、
契約後のアフターフォローである

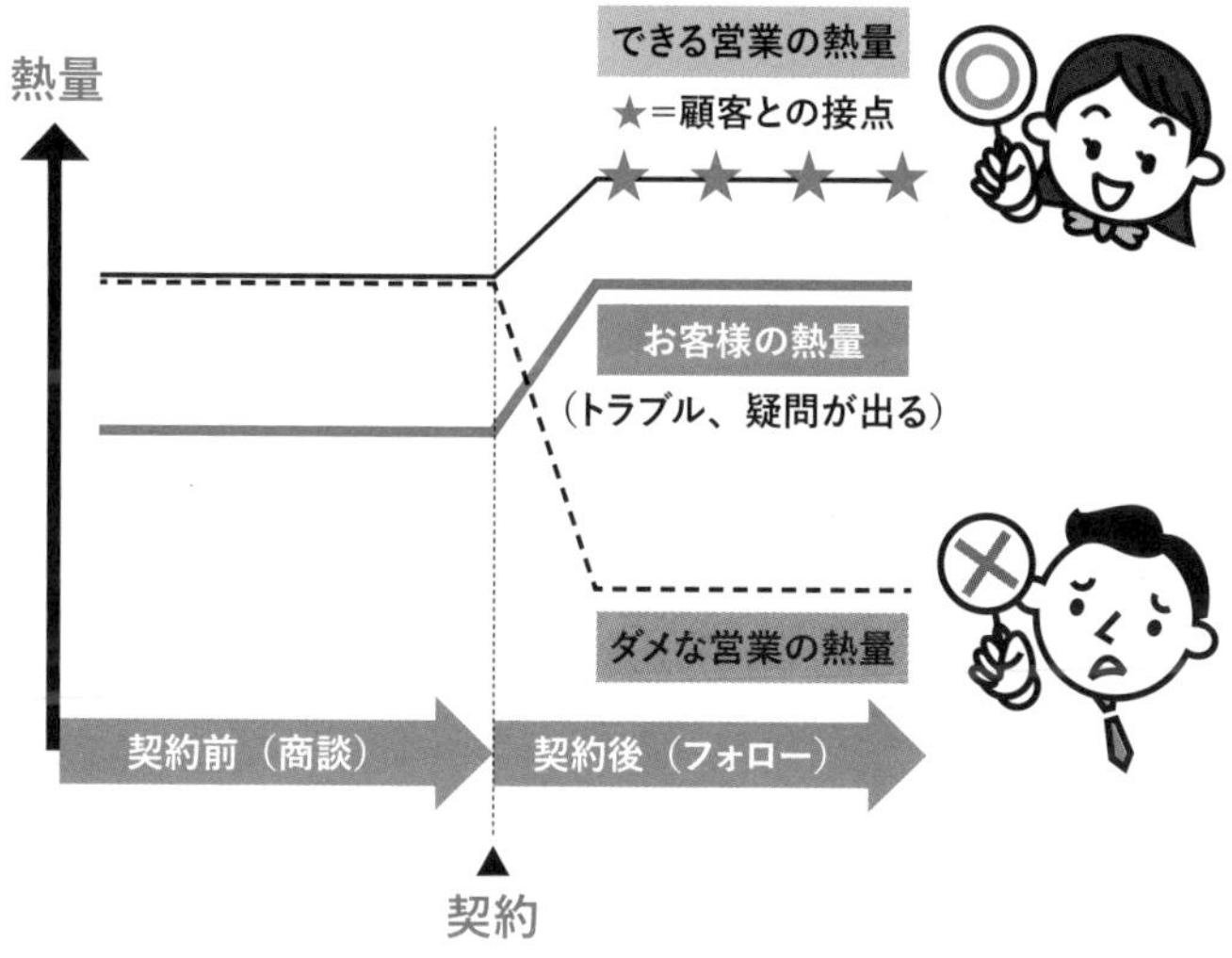

　お客様にとっては購入後が「本番」。

　トラブルや疑問点があれば、すぐにでも解消したいもの。

　そこで、「何かあったら、いつでも電話をくださいね」と言っていた、〝あの時〟の営業マンに連絡をするわけです。

　でも、ほとんどの営業は、〝あの時〟ほどの熱量では頑張ってはくれません。

　少し対応が遅かったり、

対処法のURLだけ送られてくるといったことも少なくないのです。

先のジョン・グッドマンはこう言います。（※②）

「顧客が事前期待が外れたと感じるのは、マーケティングや営業のコミュニケーションに起因する場合が多く、製品・サービス自体の欠陥よりも、不満やロイヤルティの低下につながりやすい。なぜなら、顧客は意図的に騙されたと感じてしまうから」と。

もし、最近、「リピートが少ないな、紹介が少ないな」と思ったら、疑うべきは景気や商況ではありません。

まず、あなたへの「事前期待とのギャップ」を疑ってください。

⦿他の営業マンより、フォローに力を注ごう

皆さんには、事前期待とのギャップをなくすだけでなく、事前期待を超えてほしいと思っています。

そこで、**「エモーショナルコネクション（感情的なつながり）」**を計画的につくれるようにしておきましょう。

エモーショナルコネクションとは、「契約」などでつながる関係性ではなく、お互い

※②『顧客体験の教科書』（ジョン・グッドマン、東洋経済新報社）より

が「喜び」「感謝」といったポジティブな感情でつながる関係性のこと。

営業では「なんでわかったの？　まさに今、困っていたところだったんだよ」とお客様が驚く、そんな察知力を営業が持つことを意味します。

そのための良い方法があります。それこそが、**「タイミングを科学する」方法。**

私が研修で紹介し、好評を得ている方法です。

例えば、私が経験した求人広告の営業だと、こんな感じ。

転職した人、受け入れた会社の双方が抱く「不（不安、不便、不満）」をタイミングごとに想定し、先回りをした行動をルーティンに組み込むようにします。

まず、転職の場合、不安のピークは入社から1か月とわかっています。

これは、転職サイトのｄｏｄａの調査でも証明されており、「最初の1か月は転職者の実に約9割（86・8％）が不安を抱えている」といったデータもあるくらいです。（※③）

さらには、転職者が不安を抱くポイントもほぼ決まっています。

「人間関係」「業務」「職場」の3つです。

※③dodaが転職経験のある20〜40代のビジネスパーソン550人に行った調査（2018年4月）

これも、dodaの調査で同様の結果が得られています。「転職後、不安を感じていたことはなんですか？」という問いに対する回答の上位3つがこちら。


「人間関係がうまくいくか（87・7％）」

「仕事についていけるか（85・2％）」

「職場（社風）になじめるか（82・3％）」。


ここまでわかっていれば、あとは、「いつ」「何を」するかを決めればOK。

私が実際にやっていたのは、こんなことです。

①まず、入社前に、人事担当者に「初日の受け入れ」の成功事例を紹介し、
②入社1週間後に、人事担当者に「条件に誤解はなかったか」を確認し、
③入社1か月後に、「職場になじめているか」を中心に確認をし、
④入社2か月後に、「仕事についていけているか」を中心に確認をし、
⑤入社3か月後には、「人間関係はうまくいっているか」を中心に確認をする。
うまくいっていれば一緒に喜び、問題があれば一緒に解決する。

また、うまくいっているようなら、その都度ご紹介もお願いする。

一見すると手間がかかっているように見えますが、手間は通常の営業と一緒。日々、行っている営業行為でもあるわけです。

実にシンプルでしたが、効果は絶大でした。

ほとんどの他社の営業マンは、そんなことはやっていなかったからです。

「いつ」「何を」行うのか、タイミングごとにやることを決めておくことをお勧めします。

何事もそうですが、「言われてから」より「言われる前に」することが評価を高める鍵。すべてのお客様にとって**「いいタイミングで来てくれる営業」になれるのは、思いつきではなく、「いつ」「何を」するかをスケジュールに落とし込んでいるから**なのです。

Point

契約前の熱量をキープし続ける営業マンは、リピートと紹介をたくさんもらえる。

05 大事なのは、「期待」に応えることではない

顧客の目はシビアである。期待に応えたとしても、実はそれほど感謝されない。でも期待を超えたことを3～4回やれば、あなたのファンになってくださる。

⦿人だからこそ、できること

「エモーショナルコネクション」をつくる鍵は、アフターフォローでの「接点」にあると言いました。

まだあります。一つひとつの接点の「質」です。

お客様の質問やトラブルに対応するのは当たり前のことです。そうした顧客の「期待通り」の対応をするだけでは満足は提供できないでしょう。**顧客の「期待を超える」対応をしてこそ、本当の満足を提供することができる**のです。

靴のネット販売のザッポスの感動ストーリーは参考になるでしょう。

ある女性のお客様が、病気の母親のために靴を買ったときの話です。

残念なことに、母親の病状が悪化してしまい、亡くなってしまったのです。

お客様は失意の中、ザッポスに連絡を入れ、返品することにしました。

その翌日のこと、女性は玄関を見て驚きました。

ザッポスから「お悔やみの花」が届けられていたのです。

女性は、ブログで、「これ以上に心打たれたことはない。ネットで靴を買うのであればザッポスをお薦《すす》めします」と書いたと言います。

あなたにも、同様の体験がないでしょうか。例えば、
たまたまIDカードを忘れてしまった日に「いいですよ」と顔パスにしてくれたこと、
会議が始まる前に「もしよかったら」とお菓子をもらったこと、
「商売繁盛に役立ててください」とメモ（販促品）をもらったこと。
すべて、**「好きにならざるを得ない記憶」**になっていないでしょうか。

なにも、値引きや特別なサービスだけがお客様をつなぎとめるものではありません。

期待を超える接点こそが、相手をファンにするのです。

◉「価値の4段階」を知っておこう

もちろん、制約はあるでしょう。何事も「できること」と「できないこと」があるもの。であれば、営業マンはその制約の中で「これならできるな」というものを考え、お客様との〝すべての接点〟で提供すればいいのです。そうすれば、お客様から必ず「ありがとう」と言ってもらえます。

サービス・マネジメントの権威であるカール・アルブレヒトが提唱した「(顧客) 価値の4段階」で考えると整理ができるはずです。

あなたは〝どのレベル〟を営業のスタンダードにしているでしょうか。

【価値の4段階】

レベル1　基本価値＝取引の約束 (守られないとクレームになるレベル)
レベル2　期待価値＝通例で考えると、やってくれるものと期待している価値
レベル3　願望価値＝あれば嬉しい価値 (なくても不満にならないが、嬉しい)
レベル4　予想外価値＝予想もしていなかったサプライズ

例えば、アフターフォローをする、提案をする、定期接触をする、これらのことがお客様から見たとき「当然やってくれる」ことであれば、期待価値どまりというわけです。

知っておくべきは、この**基本価値や期待価値を100回提供しても、エモーショナルコネクションは強くならない**ということ。それどころか、やらないとお客様は不満を感じることでしょう。**大事なのは、願望価値以上の価値を提供すること。**

各接点で、期待を超えるプラスアルファの行動をとることで、お客様とのエモーショナルコネクションが強くなり、それが競合にとっては参入障壁となるわけです。

難しく考える必要はありません。

「お客様が欲しいと思う情報」「お客様の先回りをした行動」、たったこれだけでも願望価値以上の行動になるので、やらない手はありません。

Point

お客様との〝すべての接点〟で、期待を超えるプラスアルファの行動をとることをスタンダードにしよう。

06 「紹介はしない」と言ったお客様が、3分後に、「紹介をしたい」に変わったトークとは？

「クオカードをプレゼントしますので、紹介をください」と言っていないだろうか。
今の時代、クオカード欲しさに「知人を売る」人は、ほとんどいない。

⦿お客様の「紹介をしてあげたくなる気持ち」を理解する

先日、ある生命保険会社のトップセールスに、こんなお願いをしました。

「今から、紹介をもらう営業のロープレ（ロールプレイング）をやってもらえませんか。お客様役は、私がやります。ただ、先に言っておきます。このお客様は、紹介をするつもりは、まったくありません」

そんな非常に厳しい設定で始まったロープレでしたが、トップセールスは違いました。

わずか3分後には、「紹介をしたい」と思ってしまったのです。

さて、あなたなら、どんなトークを展開しますか。

彼の展開はこうでした。

営　業「今、新型コロナウイルスにかかると、保険の審査が厳しくなることはご存じでしたか？」

お客様「どうしてですか？」

営　業「完全な治癒法が見つかっていないので審査が難しいのです。息子さんが社会人になられたとのことですが、息子さんはご存じでしょうか」

お客様「え、大丈夫だったかな…」

営　業「もしよろしければ、お調べいただいたほうがいいのではないでしょうか」

お客様「確かに（もし入っていなかったら、その時はお願いしよう）」

もちろん、普段からその誠実な姿勢をよく見ていたこともあるのですが、もし息子が保険に入っていなかったら、本当に紹介をしていたでしょう。

⦿「For You」「For Them」の発想が鍵

さて、このトークには、重要な要素が含まれていることに気づかれたでしょうか。

「私（営業）のために紹介をください」というお願いではなく、「息子さんのために紹介をください」となっている点がポイントなのです。

そのトップセールスの彼は、こう言います。

「For Me（私の成績のため）」では、とても紹介を頂戴するのはムリです。

「For You（あなたにとって）」でないと、紹介はいただけません。

確かにそうです。

「For You（あなたにとって）」「For Them（大切な誰かのため）」でないと、紹介をあげようとは思わないでしょう。

でも、こう思いませんでしたか。

「そんなのキレイごとだ。本当は〝For Me（自分の成績のため）〟でしょ」と。

彼にその質問をしました。その回答がこちら。

「そりゃ、私も営業ですので、成績のためではない、とは言い切れません。でも、それではとても人の気持ちを動かせないでしょう。**大事なのは、大義です。〝なぜ、必要なのか〟**、ここを忘れてはいけないと言い聞かせています」

「今、ご紹介キャンペーンをやっておりまして、もれなくクオカードを……」というトークには、「大義」が欠けている、というわけです。
そう考えると、まだまだ工夫の余地はありそうです。

Point
「For Me」を封印し、「For You」「For Them」をルールにしよう！

07 今の時代、相手を否定しない「切り返しトーク」が武器になる！

口がうまいことよりも大事なことがある。

口のうまさは、強引な印象を与えかねない。

ワンランク上の切り返しトークは、相手の会話の流れに〝乗り切る〟ことである。

⊙こんな「切り返しトーク」は古い

営業をしていると、嫌になるくらい「断られる」ことが多いもの。

そこで、「切り返しトーク」をトップセールスたちから学ぶわけです。

でも、**先輩のトークを聞くと、「ちょっと強引だな」「ちょっと古いな」と〝昭和臭〟を感じることはないでしょうか。**

一例を紹介すると、

【昭和の切り返しトーク：パターンA】

お客様「忙しいので結構です」
営　業「皆様、そうおっしゃいますが、最後はお会いいただけることが多いんです」

【昭和の切り返しトーク：パターンB】
お客様「他社を使っているので結構です」
営　業「それでしたら、弊社の商品力を改善させていただきたいと存じます。
　ぜひ一度、お話をお聞かせいただけませんか」

確かに、昔はこんな感じでした。
ちょっとした「言葉遊び」で、それが〝粋〟でもあり、時代がそれを許容してくれていました。私が営業をやり始めたのは平成になってからでしたが、当時はこのようなトークを使っている先輩がたくさんいたのも事実です。

でも、時代は変わりました。
これだと、今では「強引」にしか聞こえないでしょう。
場合によっては、悪評判が蔓延《まんえん》してもおかしくありません。

⊙お客様の立場に立った「切り返しトーク」を

今は、言葉遊びではなく、丁寧な言葉を使って、「お客様の流れに乗る」ことがお勧めの方法です。切り返しトークもこんな感じです。

【令和の切り返しトーク：パターンA】

お客様「忙しいので結構です」

営　業「そうでございますよね。大変、申し訳ございません。きっと、お忙しいと思っておりました。そうだと思いまして、今の半分のコストで〇〇が実現できる情報を一言でご紹介できればと整理をしております。もしよろしければ、情報収集の一環として、お聞きいただけませんでしょうか」

【令和の切り返しトーク：パターンB】

お客様「他社を使っているので結構です」

営　業「そうでございましたか。お忙しいところ、そうとは知らず、本当に申し訳ございません。

実は、そのようなお客様にこそ、ご紹介したいサービスの御案内でして、おそらく今の半分のコストで○○が実現できる情報でございます。

一言でご紹介できればと整理をしております。もしよろしければ、ぜひお話をさせていただけませんでしょうか。

情報収集の一環として、ご損はないと自負しております」


いかがでしょう。お客様の会話に乗っかります。

これが今流。「強引」さは、あまりないでしょう。

さらには、「明確なメリット」をフックにすることで、関心を持っていただきます。

もし、断られたとしても、あなたの「感じの良さ」を残すことができるでしょう。

次のチャンスをなくさないためにも、ぜひ参考にしてみてください。

Point
「否定しない切り返しトーク」を、スクリプト（台本）に書いておこう！

08 「ニーズを生み出す」ヒアリング力を身につける

ニーズはあるものではなく、営業の〝ヒアリング〟を通じて、つくるもの。これからは、「ニーズがありませんでした」と言うことを封印しよう！

◉「ニーズがない」で済ませてはいけない

営業現場では「ニーズがなかった」という言葉が飛び交います。

でも、それでは不十分。その半歩先に「チャンス」があるのです。

ここをとらえないと、御用聞きになってしまいます。

「ニーズはある」ものではなく、「ニーズはつくる」もの。そう考えてください。

景況に左右されず、業績を確実に出す営業マンがやっている「ヒアリングの4ステップ」を覚えておくといいでしょう。左図をご覧ください。

4つのステップで、ヒアリングを行います。

ヒアリングの4ステップ

「問題」「リスク」を語ってもらうことで
ニーズに気づいていただく

～状況を確認する～

・活用の有無（過去含む）
・ニーズ発生の理由
・他社製品の利用状況と
　選定の基準、評価
・発注規模、頻度
・今後の利用予定　など

～不満・不便・不安を確認する～

「＊＊において、不安を
　感じられることはありますか？」
「＊＊については、万全でしょうか？」
「10点満点でいうと…」

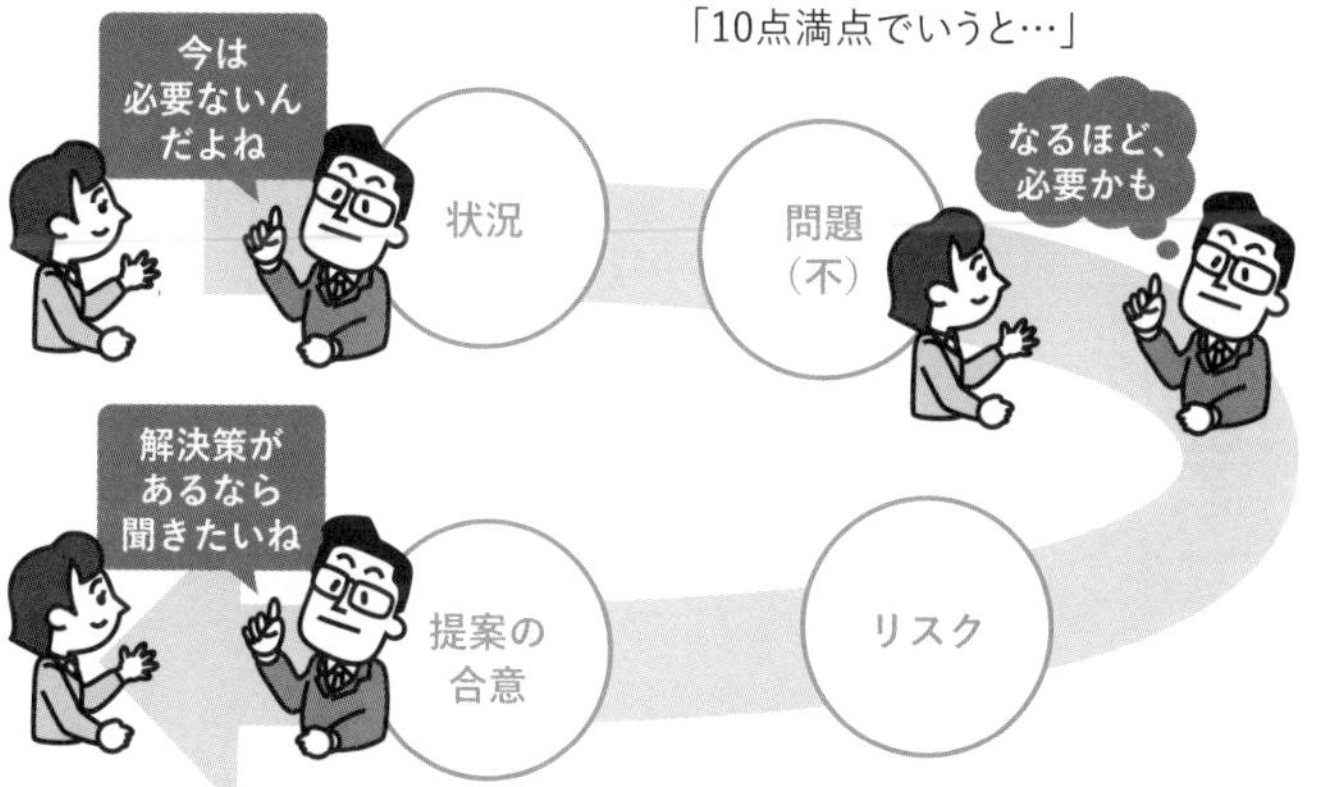

～リスクに気づいていただく～

「万一ですが、このまま解決
　しない場合、どんなことが
　想定されますか？」

～プレゼンへの合意を得る～

「それは、○○様にとっても
　重要なことでしょうか？」
「解決する方法をお話しできると存じます。
　お話をさせていただきましょうか？」
※この後、「持ってきたシナリオ」を提案する

ニーズをつくる鍵は、「問題」「影響」を聞く際に、しっかりと聞ききること。
営業が理解することが目的ではありません。
お客様に、話すことで気づいていただくことを重視してください。
自分で話すことによって、新たな気づきを得る効果があるからです。

⦿「各ステップ」でやるべきこと

では、4つの各ステップにおけるポイントを整理しましょう。

【状況を確認するステップ】

●答えやすい質問からすること。
将来のことを聞くより「過去または現在」の状況を聞くほうが答えやすい。
●聞く内容は、「購入・利用状況」「他社製品・サービス利用の有無」「その会社のサービスを選んだ判断基準」「利用してみての評価」「今後の利用予定」「検討いただく余地の有無」など。
●「今は用事がない」と言われても、ここで対応トークを展開しないこと。

ひたすら聞くのみ。「4つのステップ」を聞き終わるまでは言わない。

←

【問題を確認するステップ】

●状況を聞いた際、ニーズがなかったとしても、「もっとこうなったらいいと思う理想」を考えてもらう。

●「10点満点で何点?」「不満があるとしたら?」と聞くと教えてもらいやすい。

●教えていただいたら、その後は「どんな状況?」「どうしてそうなっている?」「どのようになればいい?」など、質問を展開し、話してもらう。

←

【リスクを確認するステップ】

●次に「解決できないとどうなるのか」をお客様に考えてもらう。

●聞きにくい質問になるので、クッション言葉を使うことがお勧め。

「当たり前のことを聞くことをご容赦ください。もし、その問題が解決できないと、どのような状況が想定されるのでしょうか?」

【提案の合意を得るステップ】

●プレゼンへの合意を得る。

「問題を解決する方法をお話しできます。もしよろしければ、いかがですか？」

この流れだと、最初はニーズがなくても、ヒアリングを通じて、ニーズをつくることができるのです。

⊙「特に問題はない」と言われてしまったときのアプローチ

よくいただく質問があります。

問題を聞くステップで、「特にない」と回答されたときはどうすればよいのか、です。

そんなときは、聞き方を変えてみてください。

「サービス面では？」「環境面では？」と対象を絞って、聞いてみてください。

「わかりにくい質問で失礼しました。

サービス面で、もっとこうなったら、と思うことはないでしょうか？」と。

このようにお客様が答えにくいときは、「サービス」か「今の状況」を切り口に尋ねるといいでしょう。

①「サービス面」の不　…　コストを抑えたい、取り扱いが簡単だといい、効果が見えにくいなど

②「今の状況」の不　…　会社なら、売上を増やしたい、人不足を解消したいなど。個人なら、もっと生活レベルを上げたい、もっと成長したいなど

このように、**お客様に「問題に気づいていただく」ことも、営業マンの介在価値**の1つ。ぜひ、ヒアリングで気づきの機会を提供してみてください。

Point

ニーズは「あるもの」ではなく、「つくるもの」と考える。

09

買っていただきたいなら、「商品」を提案してはダメ

いくらきれいな石であっても、石ころを１００円で売ることは難しい。

でも、肩こりに悩む人に、

「この石でツボを刺激すると気持ち良い」と伝えれば感謝される。

◉一流の営業が売っているのは「商品」ではない

この本の冒頭で、「案内するだけの営業マン」「受注するだけの営業マン」は、これからの時代、不要になると言いました。

インサイドセールスにとって代わられるからです。


一方で、さらに重宝される営業があるとも言いました。

それが、「ソリューション営業」。いわゆる、問題解決型の営業です。

あなたが、今のうちにソリューション営業のチカラを習得したいのなら、**「商品」で**

はなく、「解決策」を売っている意識にシフトしておきましょう。

実は、提案にはレベルがあります。

【提案の3レベル】

レベル1 自社商品の「性能・機能」を提案

レベル2 「他との違い」を提案

レベル3 「お客様にとっての利益（問題解決等）」を提案

提案すべきは、レベル3の「商品を通じて、お客様が得られる利益」です。

この点、皆さんはもう大丈夫です。

というのも、先ほど「ニーズをつくるヒアリング」で〝問題〟を聞く方法を知りました。これができていれば、おのずとレベル3の提案になるからです。

もし、先ほどのヒアリングで「状況」しか聞けていないなら、提案はレベル1かレベル2にならざるを得ません。いわゆる「案内するだけの営業マン」です。

社用車の営業を例に解説しましょう。

まず、状況しか聞けていないと、「最新の自動運転技術を搭載しています」「自動運転技術を搭載しているので、事故のリスクを2割減らすことができます」といったレベルの提案になってしまいます。これだと単なる「物売り」でしかありません。

提案すべきは、お客様の利益と言いました。つまり、問題解決です。

実際のトークはこんな感じです。

「先ほどうかがったところでは、御社ではペーパードライバーの方が多く、運転に不安を抱える方が少なくないとのお話でした。この車種は最新の自動運転機能を備えておりますので、従業員の皆様が安心してお乗りいただけると存じます。従業員の皆様の職場満足度の向上にもつながると自負しております」

つまり、**同じ「商品」であっても、お客様が抱える問題によって「提案する切り口」が変わる**ということ。

同じ牛丼でも、節約志向の人には「安いので、何度でも通えますよ」と言い、多忙な人には「10分もあれば食べられるので、昼休みを有意義に使えますよ」と言うのと一緒。

相手のことを知っているからこそ、言うことを変えられるわけです。

これからの時代、同じ商品でも、相手によって伝えることを変える――これこそが営業に求められる提案力なのです。

提案の「3レベル」

**商品を提案するのではなく
お客様の利益を提案する**

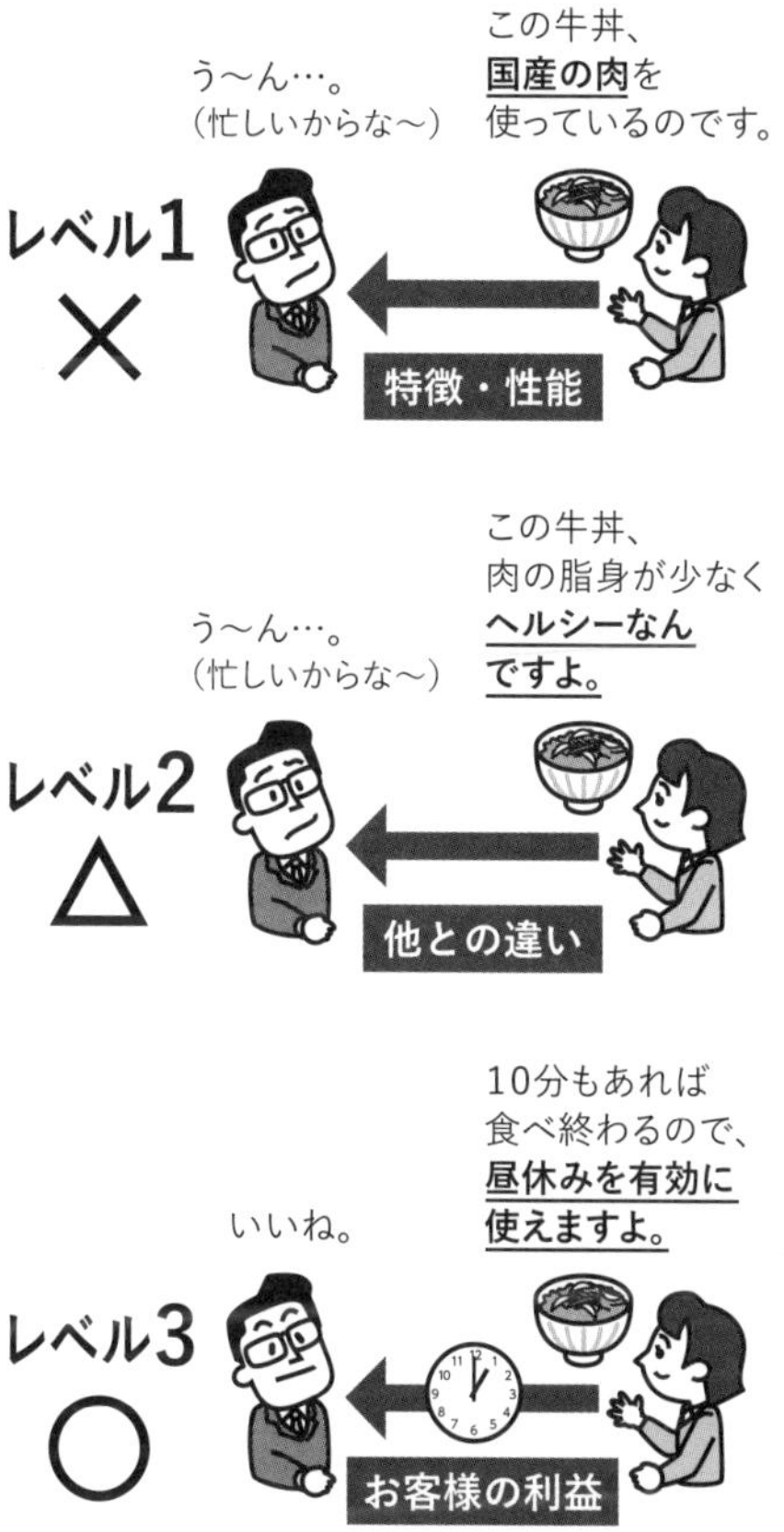

この牛丼、
国産の肉を
使っているのです。
う〜ん…。
（忙しいからな〜）
レベル1
×
特徴・性能
この牛丼、
肉の脂身が少なく
ヘルシーなん
ですよ。
う〜ん…。
（忙しいからな〜）
レベル2
△
他との違い
10分もあれば
食べ終わるので、
昼休みを有効に
使えますよ。
いいね。
レベル3
○
お客様の利益

Point

商品は同じでも、相手によって、提案は100通りにもなる!

10 お客様に感謝される「クロージング力」を身につける

強引なクロージングは嫌われる。でも、クロージングをしないのも嫌われる。「お客様に寄り添ったクロージング」の流れを確認しておこう。

⦿「クロージングをしない」ことの罪

営業研修でよくいただく悩みが、これ。

「クロージングが怖くてできない…」

中には、「あえて、クロージングをせず、お客様に決めてもらっている」という人も少なくありません。

断言します。それは、大きな間違いです。

あたかもプロポーズをせずに、相手に「どうする？　決めてもらっていいよ。連絡、待っています」と言っているようなもの。

クロージングは、お客様の意思決定を促すサービスです。

入札型のコンペではなく、目の前の担当者から契約書をいただける営業で、提案に関心を持っていただいたなら、必ずクロージングをしてください。

断られてもOKです。それは、NOのサインではありません。

疑問点があれば、結論をいただけないのが普通です。

うまい言葉で「説得」をするのではなく、丁寧に解消して差し上げねばなりません。

それこそが**「お客様に寄り添ったクロージング」**です。

「他のお客様も……！」「今だとお安いですから！」「後でキャンセルをしてもらってもかまいませんから！」などと強引に説得をする必要はありません。

先日、「社長、男でしょ！　決めませんか？」と言っている営業に遭遇しましたが、もはや事故にしか見えませんでした。

こんな説得トークでは、かえって信頼を失います。

⦿感謝されるために、「正しいクロージング」の流れを覚える

いきなり契約の話をすると、さすがに嫌われるでしょう。

クロージングは、お客様の思考の流れに沿って行う必要があります。それが次の流れ。

【ステップ1】テストクロージング

提案をした後、契約に関心があるかをテストします。

「よろしければ、お見積りをご用意いたしましょうか?」

「よろしければ、手配だけでもしておきましょうか?」

「よろしければ、プランを考えてみましょうか?」

←

【ステップ2】ダイレクトクロージング

ステップ1のテストでYESをもらえたら、「契約の意思」を確認するダイレクトクロージングに進みます。断られることが前提でも構いません。

「ありがとうございます。さっそく、○○をさせていただきます。お役に立てますよう、精一杯、努めさせていただきます。

差し支えなければですが、もしご契約を前向きにご検討いただけているようでございましたら、契約書のご用意をさせていただければと思ったのですが、いかがなものでしょうか?」

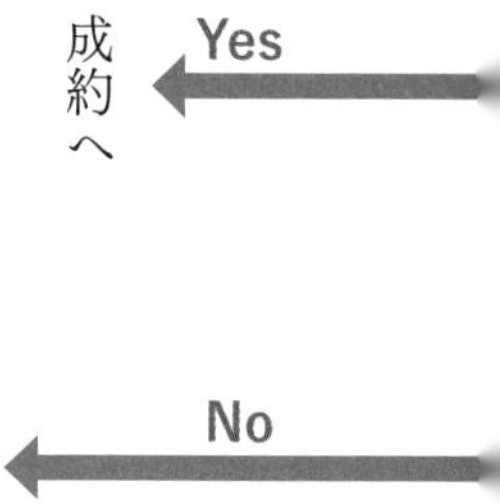

【ステップ3】「不」の解消（不明・不安な点、不満の解消）

質問を通じて、お客様が感じていらっしゃる「不」を解消し、納得をしていただきます。

「失礼しました。何かご不安な点がございますでしょうか？」

●不明・不安な点の解消

【お客様】「本当に効果があるのかな？」「本当に結果が出るのかな？」

【対　応】事実、事例、データを使って、不安を解消する。

「失礼しました。こちらをご覧ください。

このように、結果が出ており、多くのお客様からご満足を頂戴しております。ご不安は解消できそうでしょうか？」

●不満の解消

【お客様】「値段が高いよね。値引きできないの？」
「返品ができるなら、やってもいいけど…」

【対 応】できない場合は、「そもそも」の話に戻す。
「お値段は気になりますよね。あいにくこの商品はお値引きできかねるのですが、お客様は先ほど、△△を解消しないといけない、とおっしゃっていました。
私は、ただこの点を解消するお手伝いをさせていただきたい一心でお話をうかがっておりました。精一杯、努めさせていただきます。いかがでしょうか？」

Yes

こう尋ね、ご不安がないようであれば、契約書を頂戴します。

ここで、重要となることは、２つ。

１つは、テストクロージングを行った直後に、ダイレクトクロージングを行うこと。検討をいただいているときこそ、背中を押して差し上げるタイミングです。

２つ目は、お客様の「不」があれば、説得をするのではなく、丁寧に解消すること。このプロセスの丁寧さが、お客様の納得感につながります。

そして、実は**ＡＩに絶対にできないことの１つが、このクロージング**です。

ＡＩは「この商品がいいですよ」とリコメンドをすることは高い精度でできますが、背中を押してはくれません。対話を通じて丁寧にお客様の背中を押して差し上げることも、営業の役割だと自覚しておきましょう。良い商品であれば、必ず後で感謝されるはずです。ぜひ、勇気を持ってクロージングを行うようにしてみてください。

Point

クロージングは、意思決定を促すサービス。お客様のためにも必ずやろう。

第3章

「あなたから買いたい」と思われる営業になる

01

まず、あなたを「選びたくなる理由」をつくる

「あなたから買いたい」と思われる鍵は、「KBF（Key Buying Factor：お客様があなたから購入したくなる要素）」を満たすことでしかないが、ほとんどの営業マンはそれを語れない。

⦿まったく同じクッキーでも、価値は変わる

「あなたから買いたい」と思われる最初の鍵は、**「ライバルとの違いを示し、差別化をする」こと**です。**それが、お客様がリスクを冒してまで、「あなたを選ぶ理由」**となります。

でも、**ほとんどの営業マンは、「差別化を考えることなく、ひたすら行動をしている」**のが現状ではないでしょうか。

まず、「希少性」の本質を知るといいでしょう。

1975年にステファン・ウォーケルが行った調査は有名です。

2つのビンがあります。片方のビンには10枚のクッキー。

もう片方のビンには2枚の〝まったく同じクッキー〟が入っています。

ちなみに、あなたは、どちらのクッキーに価値を感じますか？

多くの場合、2枚しか入っていないほうに価値を感じる。それがこの調査の結果です。

「同じモノであっても、代替が利かないものに人はより価値を感じる」ということ。まず、ここを押さえておいてください。

どちらのクッキーに価値があると感じる？

⦿あなたを「オンリーワン」化させるコツ

さて、本題です。例えば、お菓子メーカーの営業としましょう。

まず、ライバルの営業方法が、「定期的に訪問する」ことだとします。

だからといって、「ライバルより多く訪問する」では消耗戦に突入してしまいます。

それは「同質化戦略」といい、優位にある立場の人がとる戦略。

あなたが、後からアプローチする立場なら、「差別化」が定石になります。

選んでほしければ、最初は「ライバルとの差別化」を図ってください。

鍵は、「お客様のKBF（購買決定要因：Key Buying Factor）」から考えること。効果的な差別化が図れます。そのステップがこちら。

【ステップ1】KBF（購買決定要因）を想像する

顧客視点で、何があれば、購入の決定に大きな影響を与えるのかを考える。

「（営業に）できれば○○してくれると嬉しい」といった表現で考えるとよい。

（例）・できれば、お菓子の案内だけでなく「販促企画」の提案もあると嬉しい

・できれば「競合店の情報」を教えてくれると嬉しい

【ステップ2】KBF（購買決定要因）を解消する行動を考える

設定したKBFに対し、「自分だからこそできる方法」を考える。

「○○することで差別化を図る」の発想で考えるとよい。

（例）・お菓子の案内に加え、店頭POPの成功事例、SNSを使った販促成功

事例などの提案も行うことで差別化を図る

ＫＢＦはマーケティングの基本ですが、あえてそこから考えるのは、**営業マンの多くはマーケティングを学ぶ機会がなく、つい販売戦術（トークやツール）から発想してしまう**ため、ＫＢＦの視点が抜けてしまっているからです。

料理人が、「自分が美味しいと思う料理を出せば繁盛する」と考えてしまうのと一緒。ＫＢＦを想像せず、「よかれと思って」やっていることが、それほどお客様に感動を与えていないことは多いのです。

「ＫＢＦは何？」「他にＫＢＦはないか？」「新しいＫＢＦを啓蒙できないだろうか？」……ＫＢＦを考え続けることが、あなたを「選びたくなる理由」をつくる鍵となります。

Point

お客様の「ＫＢＦ（購買決定要因）」マニアになっていこう！

02 「顧客習慣」という新しい考え方

「差別化」は、あなたの営業戦略としては絶対に必要である。
ただお客様は、あなたに「差別化をしてくれ」とは言っていない。

⦿人が同じ美容院に通う理由

「あなたから買いたい」と思っていただくためには、まだやることがあります。

お客様の習慣に入り込むことです。

少し説明をさせてください。

最近、「顧客習慣」という概念が注目されています。

顧客の習慣になることこそ、最強のマーケティング活動である、というものです。

確かに、そうです。

私もそうですが、きっとあなたもそうではないでしょうか。

行きつけの美容院、行きつけの飲食店は、ある程度、決まっていませんか？

さらには、髪型もそう。食べるメニューもそう。

あまり冒険はしないのではないでしょうか。

このように「習慣」になれば、リピート率はおのずと高まります。

『DIAMOND ハーバード・ビジネス・レビュー』（2018年3月号）の特集「顧客の習慣のつくり方」では、このような示唆《しさ》がされています。


「顧客は差別化を求めているのではない。手間を省くことも価値」

確かに、そうです。奇抜な髪型、ユニークなグルメではなく、シンプルなやりとりに価値を感じることは多いものです。

◉「変えないこと」が価値になる

では、何をすれば顧客習慣に入り込めるのでしょう。

同特集に寄稿されたP&Gの元CEOのアラン・G・ラフリー氏の記事からは、「変えないこと」、そして「コミュニケーションをシンプルにすること」の大切さがわかります。

P&GにTIDEという洗剤の定番ブランドがあります。イメージカラーはオレンジ。ところが以前、新作でブルーのパッケージにしたところ、まったく売れず、すぐにオレンジに戻したというのです。つまり、「TIDE=オレンジ」が深く浸透しているため、オレンジのTIDEには安心感があるが、ブルーのTIDEには安心感を持てない…といったことなのです。

営業担当が代わることが、お客様のストレスになっていることがありませんか。それと一緒。変えないことが安心を生み、それが価値となるのです。

さて、営業マンとしてはどうすればいいのでしょう。

泥臭いですが、「同じことをやり続ける」ことで顧客の習慣に入り込む――これが最新のマーケティング理論で考えても、営業の王道となります。

「(言われずとも)毎週、顔を出し、ライバル店の情報を提供する」

「（言われずとも）毎回、販促企画を含めた提案をする」

「月に3回は、新作の情報交換のミーティングをお客様と行う」

「引き継いだとき、最初は前任者と同じパターンを踏襲する（最初だけ）」

こうすることで新たな習慣が生まれ、ライバルに対する参入障壁もつくられるのです。


気をつけるべきは、前任者からお客様を引き継いだときです。

キチンと細かな情報の引き継ぎをし、同じレベルで同様のサービスを展開していれば、担当が代わっても問題はありません。

でも、情報の引き継ぎがされていない、営業のやり方が踏襲されていない、といったことがあると、お客様の習慣が崩れ、それだけで離脱が起こるリスクが高まるのです。

ましてや、よかれと思って効率化したことがストレスとなることだってあるのです。

引き継ぎを受ける場合は、前任者のやり方を細かく確認しておきましょう。

Point

あえて「変えないこと」も、強力な顧客満足になっている。

03

ライバルを寄せつけない方法がある

「購入するかどうかすら迷っている」「どこの業者にするか迷っている」……そんな相談に〝フラットに答えられる人〟をお客様は必要としている。

⦿顧客にとっての「身内」になるとは？

営業マンが、顧客の習慣に入る上で、意識しておきたいことがあります。

それは、**お客様に「身内の人」と感じてもらうこと**です。


個人営業（B to C）なら「知人」のように。

法人営業（B to B）なら、その会社の「外部ブレーン」のように。

そのように思っていただけたら、どうでしょう。

「どうしようかな…。じゃ、まだ何も決めていないけど、いったん○○さんに聞いてみるか」と、気軽に声をかけていただけるようになるはずです。

こうすることで、**ライバルと「戦うステージ」から、ライバルを「寄せつけないステージ」にシフトできる**のです。

当然、ライバルに話が行く前に、あなたに相談が来るわけですから、ライバルと闘うことなく、あなたの提案のチャンスは増えていきます。

しかも、コンペになりませんので、契約率も飛躍的に向上します。

実際、私はこのやり方を知ってから、お客様からの相談が増え、営業が面白くなりましたし、営業成績も急激に上がりました。

◉「上流」で勝負せよ！

でも、そうなりたいと誰もが思いながらも、なかなか「ライバルと戦うステージ」から抜け出せません。

それは、「戦う場所」を変えていないからです。

では、「戦うべき場所」とはどこか？

お客様の意思決定の「上流」で勝負することです。

左図をご覧ください。**まだ、「購入するかどうか迷っている」「どこの業者にするか迷っている」、そんな前段階であなたに声がかかるようにする**ことです。

つまり、お客様が何かを決めてから連絡をいただくのでは遅いわけです。

では、どうすればいいのでしょう。

まず、上流・中流で相談をもらうために、最低でもやっておくべきことは次の3つ。

①お客様の「状況」「課題」を情報収集しておく

(お客様の価値観、お客様の問題意識、お客様のやりたいこと、お客様が置かれている環境、など)

②ライバル企業の商品・サービスを理解しておく

(メリット、デメリットを語れるようにしておく)

③がっつかない

(「もし、私が○○様の立場だったら」と、同じ目線で一緒に考える流れ)

それが、**お客様からの相談に〝フラットに応えられる人〟になる方法**です。

そんな人をお客様は求めています。「上流」で勝負できるようにしておきましょう。

トップセールスは「上流・中流」で相談をもらう

上流
「悩み」が発生
「購入」が決定
困ったな…
購入すべきか迷うな…。
まず、○○さんに聞いてみよう。
中流
業者を検討
「業者」を決定
どこのサービスを使うべきか迷うな…。
先に○○さんに聞いてみよう。
下流
業者に連絡
コンペ(提案)
まだ他の会社も検討しているのですが、提案をいただけませんか？

Point

上流で「相談」をもらう関係こそが、最大の参入障壁となる！

04

「お客様は神様」と言いなりになっていないか？

二流の営業マンは、お客様の「リクエスト」に応えようとし、
一流の営業マンは、お客様の「課題」に応えようとする。

⊙腰が低いだけでは、営業はやっていけない

「人が好き」「人に喜んでもらいたい」は、営業職を志望する動機の1つでしょう。でも、それだけだと、営業はまずうまくいきません。

接客経験者が、つまずくのもここ。**接客職と営業には、根本的な違いがあります。**

お客様に喜んでもらいたいと思うばかりに、お客様からのリクエストに精一杯応えようとするスタイルでは、営業では頭打ちになることが少なくありません。

実は、**営業に必須の「二大スキル」**があるのです。

「ヒアリング力」と「課題発見力」です。

営業マンの二大スキルは「ヒアリング力」と「課題発見力」

＊訪問型営業の場合

	有形	無形	高額	非高額	1位	2位	3位	4位	5位
法人営業	＊		＊		課題発見力	ヒアリング力	ロジカルシンキング力	情報収集力	対人コミュニケーション力
	＊			＊	ヒアリング力	課題発見力	情報収集力	対人コミュニケーション力	行動力
		＊	＊		ヒアリング力	課題発見力	ロジカルシンキング力	情報収集力	対人コミュニケーション力
		＊		＊	ヒアリング力	課題発見力	対人コミュニケーション力	情報収集力	行動力
個人営業	＊		＊		ヒアリング力	課題発見力	対人コミュニケーション力	情報収集力	行動力
	＊			＊	ヒアリング力	課題発見力	対人コミュニケーション力	情報収集力	行動力
		＊	＊		課題発見力	ヒアリング力	対人コミュニケーション力	情報収集力	行動力
		＊		＊	課題発見力	ヒアリング力	対人コミュニケーション力	行動力	情報収集力

出典：リクルートキャリア「営業職 1500 人に聞いた『16 分野別』絶対不可欠スキル」（2012 年7月）

ということは、
お値段も大事ですが、
課題は「安定した品質」
ということでしょうか？

リクルートキャリアが行った面白い調査があります。現役の営業職1500人に調査したところ、法人営業、個人営業ともに、1位、2位がこの2つだったのです（前ページの図を参照）。対人コミュニケーション力や行動力は持っていないとダメなものではあるものの、それだけでは結果を出せないことを多くの営業マンが実感しているのです。

⊙お客様が本当に満足する営業とは？

ときおり、お客様の細かなリクエストに応えることで、信頼を得るゲームメイクをしようとする人がいますが、それは「接客職の発想」です。

営業はまず、お客様の「課題」に応えることを最優先で考えねばなりません。

営業がヒアリングによって課題を特定する際のトークはこんな感じです。

お客様「やっぱり、値段が安いほうがいいね」

営　業「かしこまりました。もう少し、お話をうかがってもよろしいでしょうか」

（中略）

営　業「お話を聞かせていただき、ありがとうございます。
　確かに、お値段のことは大事ですよね。
○○様、いかがでしょう。お話をうかがうと、お値段のことも考慮しつつ、安定した品質、即納の対応も大事ではございませんでしょうか」

お客様「確かに、そうだね」

営　業「かしこまりました。では、お値段のことを考慮しつつも、安定した品質、即納の対応が取れる体制をご提案いたします。いかがでしょうか」

「赤色が欲しい」と言われて、赤色を丁寧に提供するのが接客の仕事。

「赤色が欲しい」と言われて、青色を出し、さらなる満足を感じてもらう。それが営業に求められる役割なのです。

◉お客様は「神様」でいいのか？

でも、たまにこんな営業部長がいます。

「お客様は神様！　ウチは中小企業！　なんでも、やらねばならない。お客様から〝来い〟と言われれば、休日でも飛んでいくのだ！」

これこそ、リクエストに応えすぎている状況です。いわゆる下請け気質。

気持ちはわかりますが、「営業の本質を理解されていないな」と感じます。

そんな会社に限って、営業力は低く、何より営業利益率が低く、ある特定のお客様との取引で現状はなんとか持っているが10年後はわからない……そんな不安定さを感じることが少なくありません。

例えば、こんな対応は、絶対にNGです。

お客様「値段は安いほうがいいね」

営　業「かしこまりました。では、こちらの安いプランを提案いたします」

お客様「電話より、顔を出す営業マンがいいよね」

営　業「かしこまりました。では、毎週うかがわせていただきます」

これでは、業者のように軽く扱われるようになるのは確実です。

◉「課題発見」は実は難しくない

こうならないために、まずヒアリングを通じて「課題」を見出しましょう。

難しそう…と思われたかもしれませんが、そうではありません。

あらかじめ、課題のメニューを用意しておくのです。

例えば、私が求人広告の営業だったときの〝課題のメニュー〟はこうでした。

「応募を増やす」といった〝量〟の課題。

「応募の質を高める」といった〝質〟の課題。

「応募からの採用率向上」「採用からの定着率向上」といった〝率〟の課題。

課題をこれらの4つに絞っていました。それが、営業の「勝ち筋」だったからです。

もしお客様のリクエストに応えて、例えば「応募受付の業務をラクにすること」を課題として設定すると、契約率は下がります。

それを得意とするライバル会社があるからです。


営業における課題発見は、ある程度、「決め打ち」でも構いません。

ぜひ、あなたもお客様の役に立てる課題設定のメニューを決めてください。

契約率が上がると同時に、お客様の満足度も確実に上がります。

Point

お客様の言いなりになったら負け！課題をしっかり特定しよう！

05
「絶妙なタイミング」で連絡をするコツ

一流のシェフが、お客様のペースに合わせて料理を提供するように、一流の営業マンは、お客様のペースに合わせ、最高のタイミングで連絡をする。

⦿あたかも「テレパシー」のごとく

お客様から信頼される営業マンに共通することがあります。

「ちょうど、今、連絡をしようと思っていたところだった。よくわかったね」と褒められることが多いことです。

あたかも「テレパシー」を使っているように、**お客様の「ちょっと相談してみたいな」と思うタイミングを外さずに連絡をしている**のです。

もちろん、普通にやっているだけでは難しいでしょう。

でも、これができないと営業は務まりません。

タイミングが遅かったための失注は、思った以上のダメージがあるものです。

というのも、営業成績の逸失だけではなく、この時、ライバル企業がたまたまタイミング良く連絡をしていたらどうでしょう。

お客様は、ライバル企業の営業マンを評価することになるはずです。

これほど、嫌なことはありません。

でも、大丈夫。

テレパシーはすぐに手に入れられます。

言い換えれば手品のようなもので、タネも仕掛けもあるのです。

⦿3か月先の予定を入れているか?

まず、今すぐやっていただきたいことがあります。

3か月後の予定を埋めていくことです。

まず、3か月後の予定を確認してみてください。

もし空白だとしたら、直近のタスクに追われる日々になっているはずです。

営業は先手必勝。**予定は「入ってくるもの」ではなく、「つくっていくもの」**です。

あなたの想像でＯＫ。何をするのかを考え、どんどん予定を書いておきます。

一例を紹介しましょう。

法人営業なら、通期決算月、半期決算月、年末年始など、その前後にやるべきことがあるかもしれません。その前後で挨拶にうかがい、今期のお礼、来期の方向性と課題をうかがうことは必須だと、私は考えています。

特に景況感の悪いとき、事業環境が変化するときこそ、あなたの上司と一緒に担当者の上長や経営者に挨拶に行くのは、提案のチャンスを得るきっかけにもなるでしょう。

また、昨年、一昨年の購買履歴を確認しておくこともお勧めです。

法人営業の場合、購入タイミングに一定の傾向があることも多いものです。

個人営業の場合は、「アフターフォロー」に絶妙なタイミングの見せ場があります。

例えば、自動車販売の営業だとしましょう。

お客様の走行距離が、どのタイミングで１万キロ、４万キロに達するかを想定し、そのタイミングで連絡を取ってみるのは、関係を構築する上では常套手段。

でも、すべてのお客様に対して、これをちゃんとやれている人はそんなに多くはないはず。そこで、タイミングを想定して予定に入れておきます。

「伊庭さん、そろそろ4万キロになった頃ではと思い、連絡をいたしました」

とディーラーの営業マンから連絡があったとき、メーターは4万キロを少し超えたところでした。これにはしびれました。

こうしたことができるのも、こちらから先手を打ってスケジュール化しているからに他なりません。

「いつ」「何を」すれば、先手を打った行動になるでしょう?

それを考えることこそが、**「テレパシーを手に入れるコツ」**なのです。

Point

スケジュールは、妄想でもいいので、どんどんつくっていこう!

06 値引きは麻薬！中毒になっていないか？

「値引きをしないと売れない」と思っていないだろうか。
お客様の本当の要望は、そこではない。

◉「値引き」を武器にしていないか？

「お値引きですか…。本当はムリなのですが、わかりました。
今後、長いお取引をさせていただく前提で頑張ります。
（カタカタカタ…電卓の音）
こちらで、いかがでしょう？」

私も、新人の頃は、やっていました。
でも、「値引きは麻薬」だと知るきっかけがありました。
前職の求人広告の営業マン時代のこと。

会社の方針で、急遽、営業マンの判断による値引きが一切禁止となったのです。

「我々は良い商品をつくっている。お客様の満足度も高い。

それに、お客様によって値引き率が異なることは不誠実でしかない。

だから値引きは禁止。その代わり、きちんと提案、フォローをしなさい」

それが、新たに打ち出された方針でした。


「バカじゃないの？　営業をまったくわかっていない」

「お客様がライバル企業に逃げていく……」

「俺たちの武器を取り上げるとは……」

それが、私を含め、営業マンたちが口にした感想でした。

中毒に侵された人は、自分がおかしいことに気づきません。

値引きは、最後の決断を迫る「最終兵器」である、と考えていたのです。

⦿お客様が求めているのは「値引き」ではない

でも、あなたが、お客様として営業マンに求める要素を想像してみてください。

値引きではないはずです。

「我が事」として考え、一生懸命に頑張ってくれることではないでしょうか。

例えば、こんな営業マンだとしたらいかがですか。

その営業マンは、

・いつも、あなたの話を懇切丁寧に聞いてくれ、
・言わずとも、複数の提案を考えてくれており、
・あなたが喜ぶとき、我が事として喜んでくれる。

でも、その営業マンは、こう言います。

「お値段のことは、気になりますよね。本当に申し訳ございません。
会社の方針で、お値引きはいたしかねるのです。
とはいえ、例えば、いかがでしょうか。
○○様にご満足いただけますよう、いつも以上に、
きめ細かなサポートをさせていただく所存です。
お値引きは厳しいのですが、精一杯、努めさせていただきます」

どうでしょう。
「じゃ、やめた」とはなりにくいのではないでしょうか。

先ほど、私の前職では、値引きが禁止になったと言いました。
実際、その方針が出て以来、1回たりとも値引きは誰もしていません。
でも、会社の売上、利益は一気に増えました。
さらに、一人ひとりの営業力も上がりました。
改めて思います。
本当の武器は値引きではなく、「我が事として取り組む姿勢」なのです。

⦿値引きの「恐怖」を知っておこう

値引きが、麻薬だと言った理由は、まだあります。
思った以上に事業の体質が悪くなるからです。計算すると、すぐにわかります。
定価5000円の洋服を販売していたとします。
材料費が2000円。梱包する紙袋100円。送料400円。

つまり、1個あたりの儲けは、2500円となります（※この1個あたりの儲けを、会計上では「限界利益」と言います）。

ここでクイズです。

【クイズ】

5000円から20％値引きして、4000円で商品を販売したとしましょう。

同じ利益を稼ぐには、どのくらい販売数を増やす必要があるでしょう。

A：同じ利益を稼ぐには、売上を**1・2倍程度**、増やす必要がある。

B：同じ利益を稼ぐには、売上を**1・7倍程度**、増やす必要がある。

答えは、「B」。

驚きませんか。思った以上に、値引きのダメージは大きいことがわかります。

計算してみましょう。

この場合、値引きは20％だとしても、コストは2500円のまま。

計算すると、こうなります。

販売額5000円の場合　→　1個の儲け2500円（コストは2500円）
販売額4000円の場合　→　1個の儲け1500円（コストは2500円）

2500円　÷　1500円　＝　約1・67倍（＝同じ儲けを稼げる倍率）

いかがでしょう。やはり値引きは麻薬だと思いませんか。
お客様のニーズは、値引きではありません。
あなたの誠意ある対応こそが武器なのです。

Point

お客様が求めているのは、値引きではなく、あなたの誠意ある対応。

07

遠慮をする人は、必ず「貧乏くじ」をひく

「忙しいときに連絡する」ことに抵抗を持つ人はいる。厚かましい、と。でも、その営業姿勢をお客様は「消極的」だと評価する。

⦿「遠慮」と「配慮」の違いを意識しておく

「忙しそうなので、連絡をするのはやめておこう」
「先日、購入いただいたばかりだから、連絡はやめておいたほうがいいな」
「先月に電話をしたばかりだから、連絡はやめておこう」

その気持ち、わかります。嫌われるのは嫌なものです。

でも、その**「遠慮」は、営業においてはまったくムダでしかありません。**

そもそも行動が「ゼロ」なので、お客様からの「いいね」をもらうことは絶対にありません。

営業に必要なのは、遠慮ではなく「配慮」。つまり、配慮のある行動をとることです。

先日、購入いただいたばかりだとしても、連絡をすべきときは必ずしましょう。

ただし、「配慮のある理由」をつくること。ここは営業の定石です。

「先日はご購入いただき、ありがとうございました。

何度も申し訳ございません。その後のご様子が気になりまして連絡をいたしました」

「あれから、数日しかたっていないのにお電話をして申し訳ございません。

ぜひ、○○様にお伝えしたい情報が入ってまいりまして失礼をいたしました」

「何度もお忙しいところ、恐縮でございます。

他のお客様に□□があったので、少し気になって連絡をさせていただきました」

いかがでしょう。

遠慮をして行動がゼロの人よりは、評価されることがわかるでしょう。

まず、「遠慮は損をする」ことを押さえておいてください。

⊙「しつこい」と「熱心」の違いも知っておく

とはいえ、それでも、迷うことはあるでしょう。

先週にも連絡をして、「今はいらない」と言われていたとします。

でも、このお客様に連絡をしないと、あなたの営業目標が達成しないとしましょう。

まさに、迷う瞬間。

迷ったときは、「遠慮をすると損をする」ことを思い出してほしいのです。

先ほどの「配慮のある理由」を考え、アプローチをします。

「○○様、何度もお忙しいところ、本当に申し訳ございません。

先日、今は用事がないとうかがっておりましたので、お電話をするか迷ったのですが、

○○様にとって、ひょっとして喜んでいただけるお話かもしれないと思い、失礼をさせていただきました。あれから考えてみたのですが…」

私の経験では、むしろこう思われることが多いもの。

「目標達成が厳しいのかな？　でも、よくこちらのことを考えてくれているな。

しかも、悪い話ではないし。熱心な営業だな」と。

まず、「しつこい」と「熱心」の違いを知っておくと良いでしょう。

「しつこい」とは、**営業マン本人のメリットのために、**何度もアプローチすること。

「熱心」とは、**お客様のメリットのために、**何度もアプローチすること。

この違いを理解しておくと、先ほどの遠慮をしてしまうことも防げるでしょう。

Point

「遠慮」と「配慮」、「しつこい」と「熱心」の違いを押さえておこう！

08

「返信」の速さは、営業マンの価値になる

迅速な対応は価値となるが、営業マンは忙しく、すぐに対応できないことも。

でも、それで納得するほど、お客様は甘くはない。

⦿あなたは何分以内に返信をしていますか？

トップセールスの方々と仕事をすると驚くことがあります。

メールのレスポンスが、自動返信メールではないか、と思うくらいに速いのです。

だいたい、数分から、長くても90分以内。

最近は、メールだけでなく、ショートメールやSNSでやりとりをしている営業マンも増えてきました。それでも共通するのは、クイックレスポンス。


この迅速さは、顧客の立場になると、思った以上に嬉しいもの。

問い合わせをした際に、クイックレスポンスで、メールが返ってくると、迷子になっ

た場所で地図を見つけたかのごとく、気分がラクになるからです。

逆に、返信を待っているときほど、ヤキモキすることはないでしょう。

そのヤキモキが続くと、営業マンに非があるわけではないのですが、その状態にストレスを感じますので、営業マンに対する信頼に傷がつく恐れがあるのです。


でも、営業は商談に入っていたり、移動中であることが多く、すぐにレスポンスを返せないことは少なくありません。

そのため、「落ち着いてから返信をすればいいか」と思う人が少なくないのですが、そこがトップセールスとの分かれ目となります。


丁寧なメールでなくても、短い文章でもいいので、その場でレスポンスをしてみてください。それがお客様が求めている対応です。

実際のやりとりは、次ページのような感じ。

いずれも、ほぼその瞬間に返信があったものです（ショートメール）。

短文ですが、その瞬間に気がかりなことが解決するので、満足度は高くなります。

営業マンによっては、このやりとりだけでも、2～3時間、場合によっては翌日になる人もいるでしょう。この差は、顧客の立場で見ると、大きな差となるのです。

また、**スマートフォンの音声入力機能を活用する方法**もお勧めです。250ページで詳しく解説するので、多忙な営業マンほどぜひ一度使ってみてください。その速さにきっと驚くはずです。

日程確認

お世話になります。
車の点検ですが9月12日(土曜日)に持っていき、翌日に引き取らせていただく流れでも問題ないでしょうか？

お世話になっております。
点検の件、承知致しました。
代車をご用意してお待ちしております。
宜しくお願い致します。
●●

金額確認

ということは、おいくらになるのでしょうか？

年会費と利用料の合計で、47,678円でございます。

SOS

1時間格闘しましたが、いくら調べてもわからなかったのです…。すみません。ご教示賜りましたら幸いです。

おはようございます！確認致します！

Point

返信は短文でもいいので、スピードにこだわるのが正解！

第4章

「目標を達成し続ける」営業が、実は必ずやっていること

01

手帳に「達成日」を書いておく

**必ず目標を達成したいなら、
手帳の〝その日〟に「達成日」と書いておこう。**

⊙すべては逆算で考える

「頑張れば達成できる」という発想は、捨ててください。

営業はそんなにイージーなものではありません。

達成に向けて大事なことは、徹底的な「逆算思考」です。

でも、ほとんどの営業マンの思考回路は、そうはなっていません。

ここで3つの質問をさせてください。

あなたが、「逆算思考」で考えているかどうかがわかります。

質問①：「目標を達成する日（何月何日）」を決めていますか？
質問②：「残りの営業日数」を言えますか？
質問③：「1日にやるべき目安目標」を、締め切りから逆算して決めていますか？

いかがでしょう。

ずっと、安定して達成し続けている人は、これらを把握していると考えてください。

もちろん、「期間が数年にわたる」といった商材だと、「日」まで決めるのは非現実的かもしれません。

ここでお伝えしたいことは、そんな細かなことではなく、「逆算」で考えているかどうか、ということです。

まずは、「目標の達成日」を先に決めておきましょう。

◉「達成の設計図」を持つ

今はできていなくても大丈夫。すぐにできるようになります。

では、具体的な方法を紹介しましょう。**まず、「達成の設計図」を書くことから**です。

次ページの図をご覧ください。順を追って解説します。

【ステップ1】「達成日」を自分で決める

例えば、3か月（12週）で、1000万円の目標が与えられたとしましょう。

少し前倒しをした自主目標を設定します。前倒しによってできた余裕を「バッファ」と言います。バッファがあることで、万一の際のリスクヘッジになります。

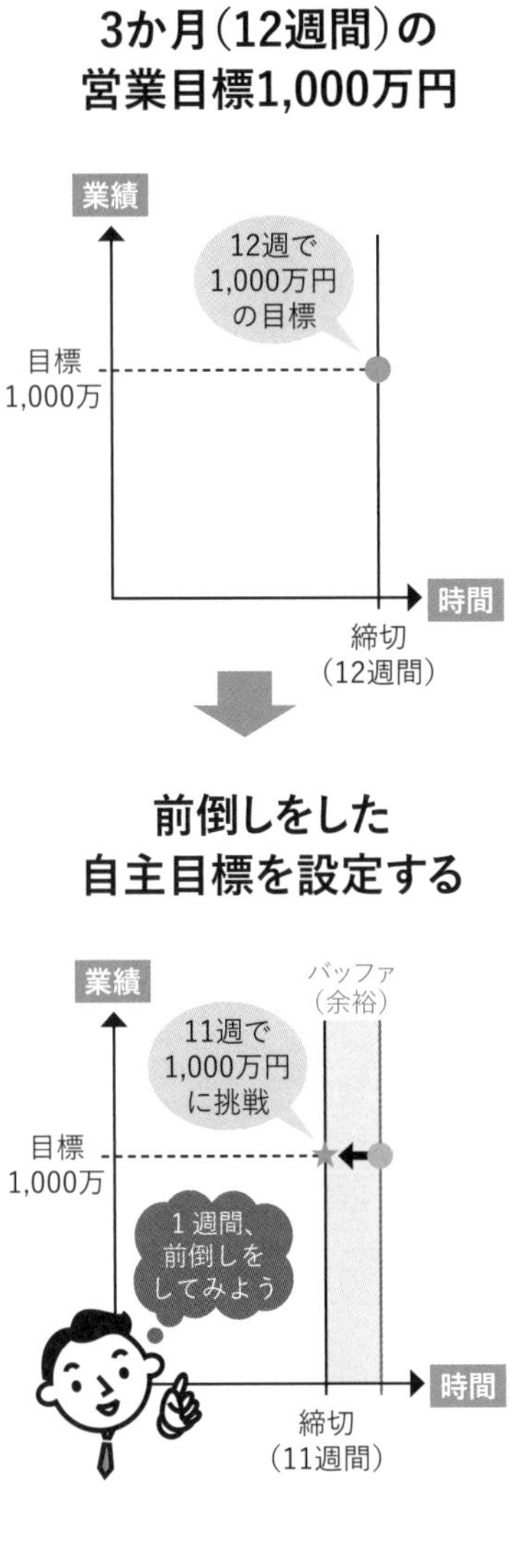

【ステップ2】締め切りから逆算して、「日・週の目安目標」を決める

日・週の目安目標を自分で決め、計画を立てます。
こうすることで、「気がついたら、トレンドから大きく乖離《かいり》していた…」ということを予防します。

達成トレンドから日・週の目安を決める

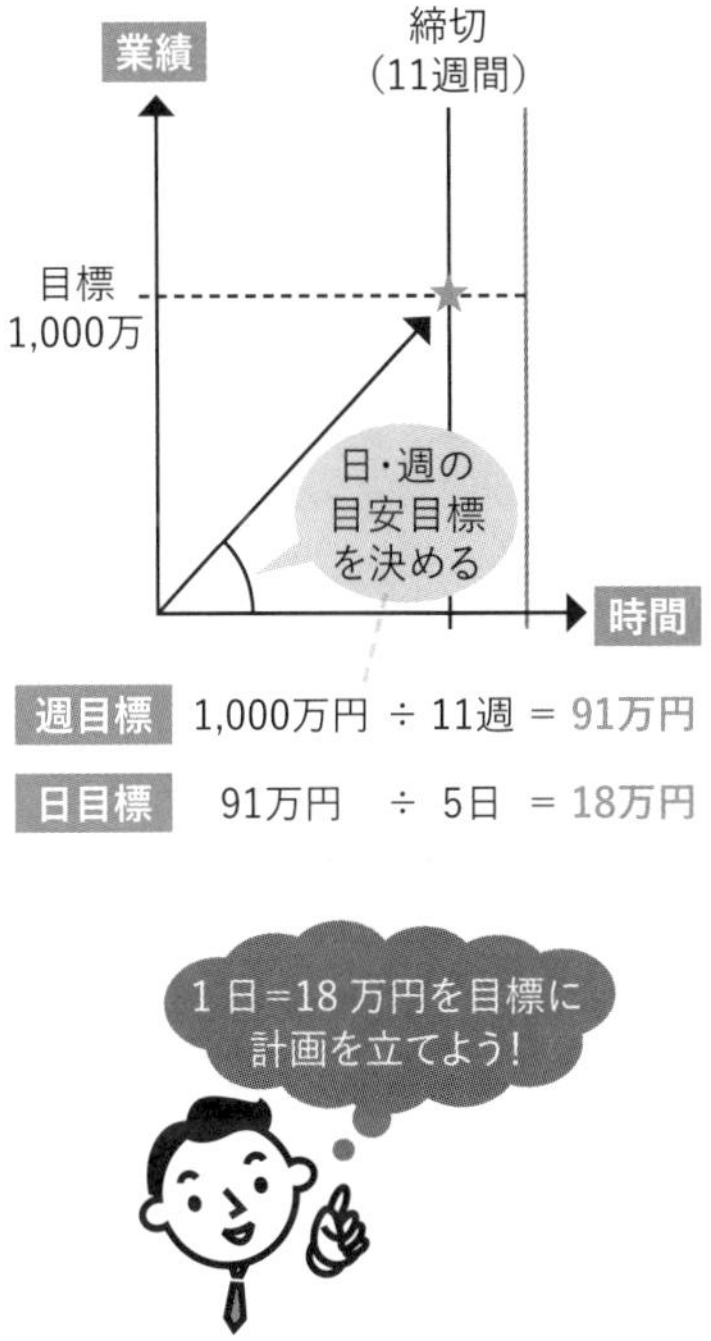

いかがですか。意外と単純だと思いませんでしたか？
あとは、日々、残額÷残日数を計算し、「日・週」の目安目標を更新していきます。

一日の目安目標の18万円を超え続けると、17万円、16万円と目安は下がっていきますが、逆に目安目標の18万円の未達成が続くと、19万円、20万円と目安が上がっていきます。

こうすることで、知らないうちに達成ペースから大きく乖離してしまうことを予防できるのです。

⦿バッファを持つと好循環に入りやすい

バッファを持つ効果にも触れておきましょう。

もともとはリスクヘッジを目的として設定するものですが、**計画通りに達成すると、好循環に入ることができます。**

左図をご覧ください。

このように、翌期のスタートをフライングできるため、翌期にさらに早期の達成が可能になるのです。

私の場合、3か月（12週）の目標を2か月（8週）で達成できるサイクルを生み出せるようになっていました。こうなると、長期の休暇も取れるようになりましたし、何よりも精神的な安定を得ることができました。

ぜひ、**「バッファを持った自主目標（達成日）」を設定する**ことを強くお勧めします。

Point

迷子にならないよう、走り出す前に「達成の地図」を持っておこう！

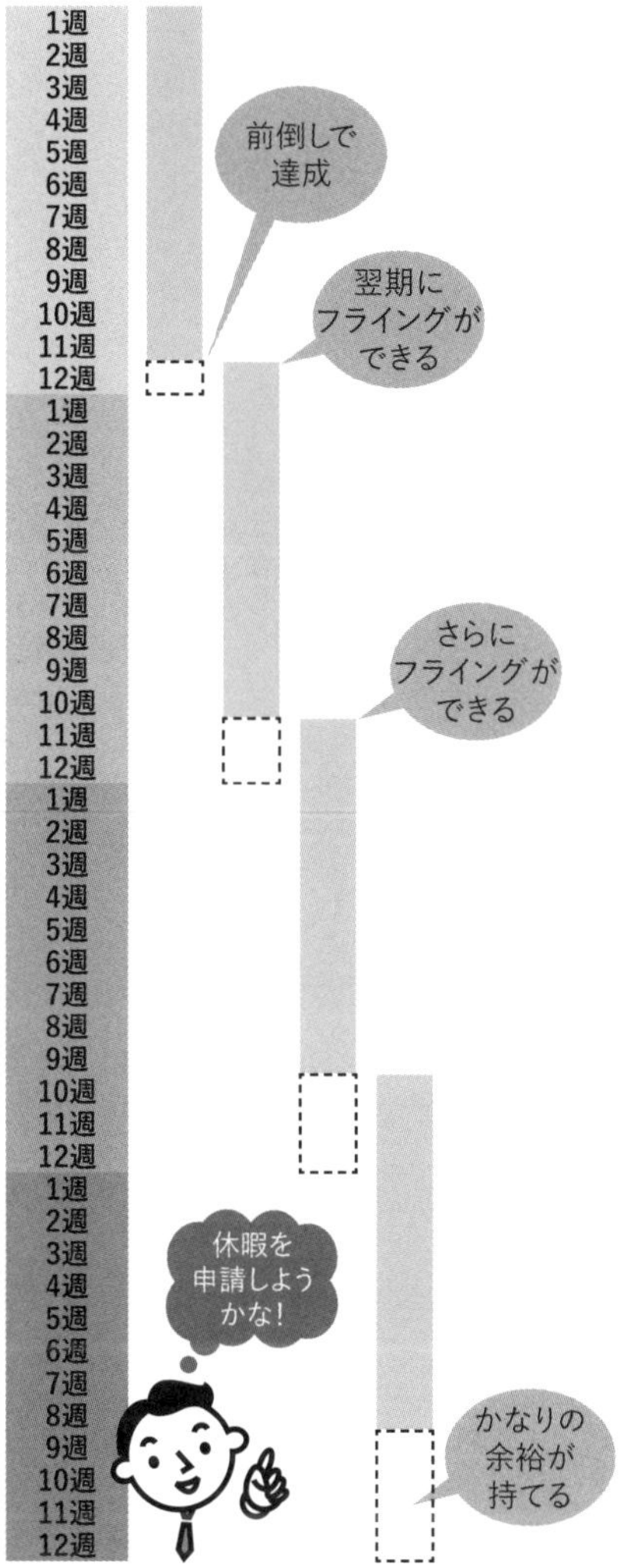

02 残業をせずに、「ピュアセールスタイム」を増やす

営業マンが商談している時間は、労働時間のたったの3分の1しかないと言われる。（※①）
1日8時間労働だとしたら約2時間半。
いったい何に時間を奪われているのだろうか。

⦿時間がきたら、スパッと終わる

先ほど、「日・週」の目安目標を持つことについて説明しました。
あらためて、そのやり方と効果について触れておきましょう。

まず、やり方です。
目安目標は、業種によって変わってくるでしょう。
例えば、私が従事していたような求人広告の営業なら、1日あたりの売上目標でも問

※①HubSpot Researchの調査

題ありません。日々、契約をする営業スタイルだからです。

一方で、商社や不動産の場合は、長期スパンの商材なので、そうはいきません。

この場合は、1日あたりの「商談数」「アプローチ数」など、「契約につながる行動」の数を指標にすることがお勧めです。

そして、大事なことは、**1日の「仕事を終える時間」を決めておく**こと。

さもないと、遅くまでズルズルとやり続けることになりかねません。

時間を決めることで、その時間までに達成しないといけないという「締め切り効果」が働き、集中力は飛躍的に向上します。ゆっくりコーヒーを飲む、タバコを吸う……そんな時間がもったいなくなるでしょう。

そして、**締め切り時間になったら、スパっと終わってください。**

達成していなくても、です。明日に取り返すべく、準備をして帰ります。

◉ピュアセールスタイムは増やす

時間がきたらスパっと終わるために、1日の「ピュアセールスタイム」の最大化にこだわってください。

ピュアセールスタイムとは、お客様との商談、または探客活動の時間のこと。

それを最大化するためには、商談準備や企画書作成、会議といった付帯業務に費やす時間（ピュアセールスタイムではない時間）を最小化することが必須です。

これができれば、残業を大幅に削減しつつも、結果を出すことができます。これは私自身の経験からも、確信をもって言えることです。

面白い調査結果があります。

「工夫をすれば、営業の成績と労働時間には相関がなくなる」というデータがあるのです。これはリクルートの派遣会社、リクルートスタッフィングの調査結果で、「女性活躍推進と生産性向上」（２０１５年）というレポートの中でそのことがデータで示されています。

トップの成績の人たちの中に、短時間労働の群があったと言います。

それは、絶対に残業をできないママさんワーカーでした。

ママさんワーカーの多くは、ムダを削ぎ落とすことで、ピュアセールスタイムを確保し、さらに最大化させる工夫をしていたのです。

まさに**「工夫をすれば、短時間で結果を出せる」**ことを表す結果でしょう。

さて、話を戻します。

まず、何時まで頑張るのか、を決めておいてください。

でも、何も考えないで労働時間を短縮すると、ピュアセールスタイムが減りかねません。

メール作業、打ち合わせ、資料作成、移動などの時間を最小限にするのです。

「1日のうち、それらに費やす時間を2〜3時間以内に収める」と決めることもお勧めです。そうすることで、1日のピュアセールスタイムは2倍になるはずです。

ぜひ、1日の中でメリハリをつけるべく、終わりの時間を決めておきましょう。

ダラダラすることほど、もったいないことはありません。

Point

終わりの時間を決めておこう！
ただし、ピュアセールスタイムは最大化を！

03 期初に「達成」を読み切ってしまう

達成は「偶然」ではない。たとえ、不景気であっても、市況が読めなくとも、達成を「必然」に変えるのがプロの営業である。

⦿「妄想」でもいい

「期初の段階で、達成が見えるようにしておきましょう！」

そう言われると、ちょっと困りませんか。そんなの、最初からわからないな…と。

普通に考えると、そうなります。ここで、逆算思考で考えてみるのです。

そうすることで、達成が「偶然」から「必然」に変わります。

まず、左図をご覧ください。**コツは「3つのシナリオ」を考えること。**

「悲観シナリオ」「妥当シナリオ」「楽観シナリオ」で考えます。

そして、妥当値（妥当シナリオ）で達成できるようにしておきます。

さらに、左下のように、ウォーターフォール図で示すようにしてみてください。やるべきことが明確になります。

期初に達成のシナリオを描いておく

1 「楽観値」「妥当値」「悲観値」を考える

目標	1,000

（万円）

	前期売上	自然減	打ち手〔A〕	打ち手〔B〕	打ち手〔C〕	打ち手〔D〕	合計	
楽観値	500	-80	250	300	100	70	1,140	達成
妥当値	500	-80	200	250	80	50	1,000	達成
悲観値	500	-100	100	100	50	20	670	

（万円）

2 妥当値をウォーターフォール図で表現すれば、達成の地図になる

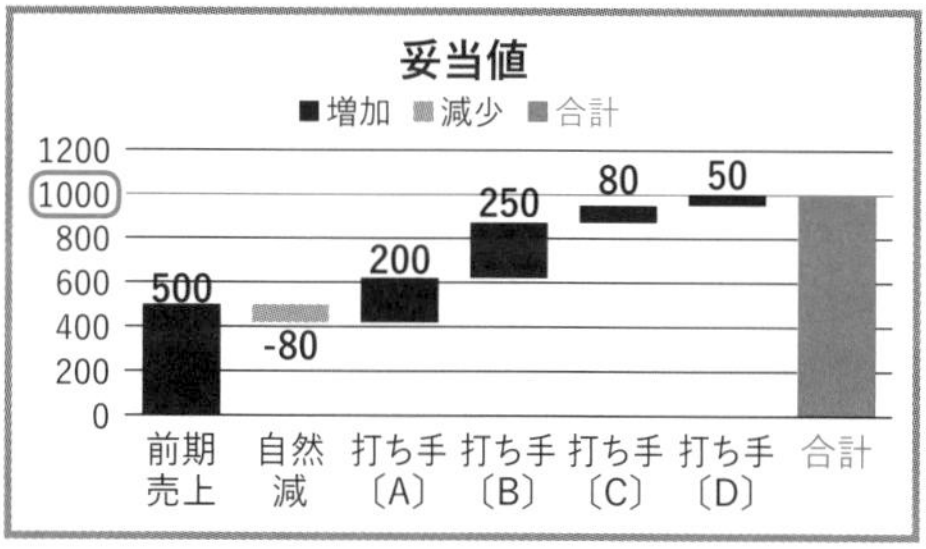

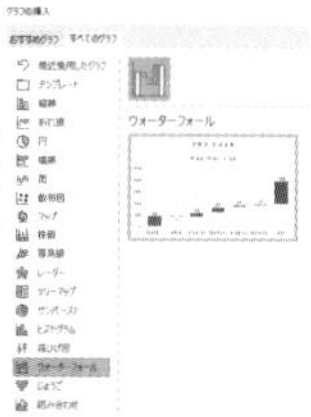

シナリオを考える前に、お客様ごとに「提案シナリオ」を考えておくといいでしょう。何度も言います。妄想でＯＫ。「こんな提案をしたら、受け入れてくださるかも…」のレベルで仮説を立てます。ダメもとでＯＫ。言うだけ言ってみるレベルでも構いません。

左図のように整理をしてみてください。

【手順】

①お客様ごとに、ダメもとで提案の仮説を考える。
②提案によってもたらす売上（または利益）を、「楽観値」「妥当値」で記載。
③その数値を「シナリオ」に反映させる。

一見すると、面倒に思われたと思います。でも、これをするのとしないのとでは、達成確率は確実に変わります。ぜひやってみてください。

Point

期末に慌てても遅い。妄想でもいいので、期初のうちに頭の中で達成しておく。

お客様ごとに提案を考えてみる

①お客様ごとに、ダメもとで提案を考える

②提案によって、もたらす売上を「楽観値」「妥当値」で記載

お客様	前期売上	今期見込み	対策	想定売上 妥当〔A〕	妥当〔B〕	妥当〔C〕	妥当〔D〕	楽観〔A〕	楽観〔B〕	楽観〔C〕	楽観〔D〕
****様	200	150	○○対策として**を提案する	**50**	0	0	0	**100**	0	0	0
****様	180	0	○○に向けて、長期プランを提案する	0	**100**	0	0	0	**150**	0	0
****様	170	50	**を提案し、ライバルからのリプレースを図る	0	0	**50**	0	0	0	**150**	0
****様	120	150	環境対策として**を提案する	0	0	**50**	0	0	0	**200**	0
****様	80	100	関連会社の紹介をもらう	0	0	0	**30**	0	0	0	**150**
****様	70	20	別事業の紹介をもらう	0	0	0	**30**	0	0	0	**150**
****様	60	20	経営層にアタック。他ニーズを確認	**50**	0	0	0	**150**	0	0	0
****様	50	30	○○対策として**を提案する	**50**	0	0	0	**50**	0	0	0
****様	50	50	○○に向けて、長期プランを提案する	0	**100**	0	0	0	**150**	0	0
				150	200	100	60	300	300	350	300

（万円）

04

トップセールスは、「お客様を選ぶ」？

「営業マンがお客様を選ぶ」というと生意気な奴だと思われるかもしれない。
でも、トップセールスにとっては、
お客様を選ぶことは当たり前のことである。

◉「営業力の公式」を理解しておく

営業は「行動量」が大事だとよく言われます。

でも、あなたの会社の「トップセールス」と「そうではない人」の違いは訪問量の差でしょうか。おそらく、そこではないですよね。

では、スキルの差でしょうか。それも違います。

答えは「顧客基盤」の差。

トップセールスは、必ず「売れ続ける顧客基盤」を持っているのです。

多くの営業が、目先の契約をもらうために、あたかも「狩猟」のごとく奔走する中、トップセールスは、良い「顧客基盤」を着々と育てるために、時間の9割以上を使います。つまり、トップセールスになるための絶対の法則は、「狩猟型」ではなく、「農耕型」の営業なのです。

まず、「営業力の公式」を押さえておきましょう。

営業力 ＝ 行動量 × 営業スキル × 顧客基盤

この3つの要素で「営業力」は決まります。

新人のうちは、営業スキルも、顧客基盤もないために、より多く訪問することが営業成績を上げるための「ＫＳＦ（Key Success Factor：成功の鍵）」になります。

しかし、すぐに頭打ちが来ます。そこで、営業スキルを高めようとするわけですが、より注目すべきは「顧客基盤」。

ほとんどのトップセールスたちは、「良い顧客基盤」を持っています。

「良いお客様」に恵まれ、

「高単価」のお客様が多く、
「高リピート率」のお客様が多く、
「ご紹介」をいただける、
左図のような基盤を着々とつくっているのです。

お取引が増える「基盤」

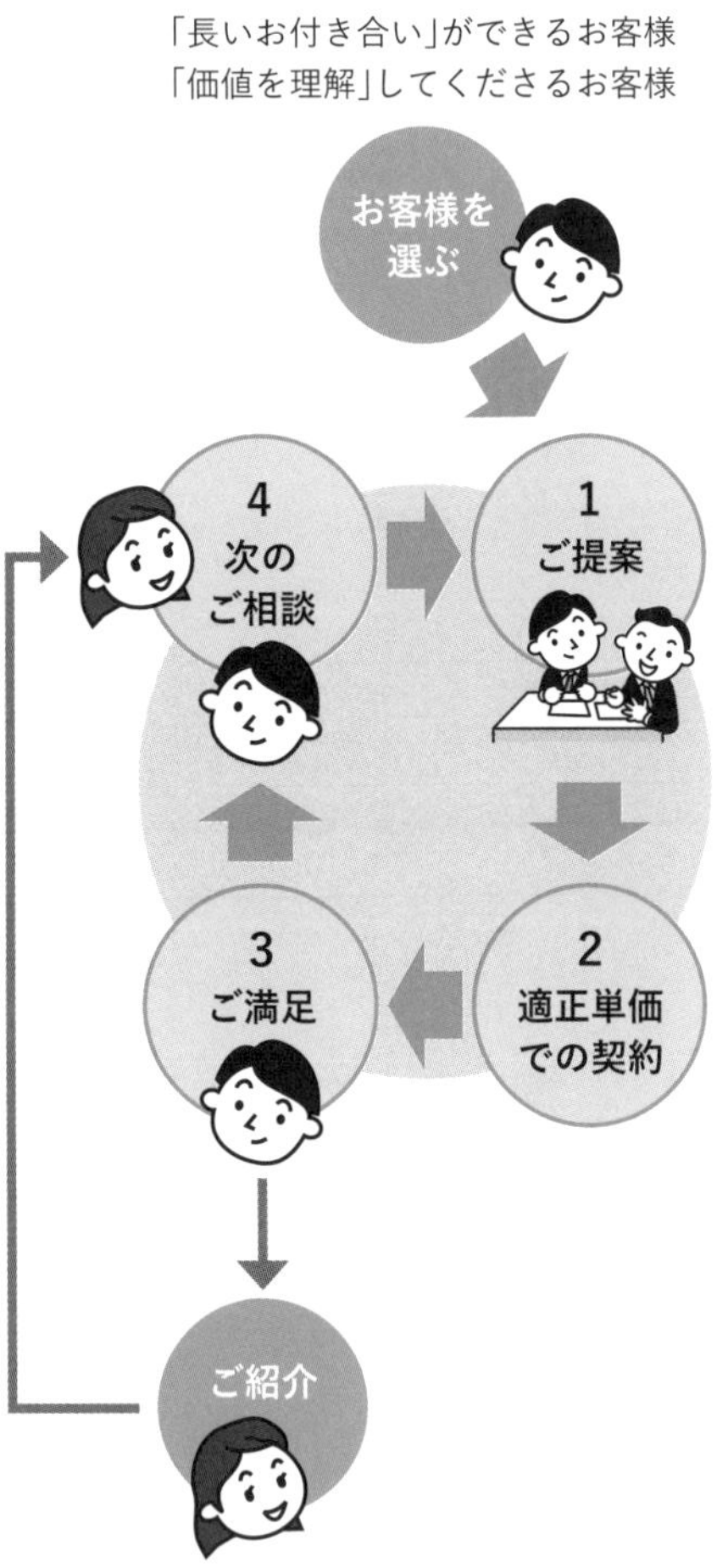

◉良い「顧客基盤」をつくる方法

では、どのようにすれば、良い顧客基盤を築けるのでしょうか。

まず、お客様の優先順位をつけることです。

もちろん、新規開拓であっても同じ。

お客様を選ぶことがとても重要です。

リピートしないお客様に注力することほど、しんどいものはありません。

まず、可能な範囲でいいので、あなたなりに、

「長いお付き合いができそうなお客様」

「提案に価値を感じてくださるお客様」

という2つの要素で営業先の優先順位をつけるのが良いでしょう。


次は、提案のシーン。

「お客様のご予算の範囲」で提案するだけでなく、必ず2つの提案をします。

1つは、「お客様がおっしゃる予算での提案」。

もう1つは、「あなたがベストだと思う提案」です。

お客様が満足される要素は、「予算に収めた」ことではなく、やはり「得られた満足感」にあります。ゆえに、予算は少しオーバーしたとしても、「あなたがベストだと思う提案」は必要なのです。

もちろん契約後のアフターフォローもしっかりと行うことで、さらに満足を感じてもらえるようにします。こうすることで、「高リピート」の基盤ができます。

さらに、ご紹介をいただける機会も増えてきます。

もちろん、このような基盤は、すぐにはできません。ある程度の期間は必要です。大事なことは、このような基盤をつくるための活動を行っているかどうかなのです。

⦿基盤を持つと、売上は〝爆発的に〟伸びる

では、基盤を意識すると、どのくらいの「差」になるのでしょう。

次の2人を比べてみると、一目瞭然。計算すると、こうなります（ここでは細かなシミュレーションは割愛します）。

訪問数も大事ですが、実績の差が出やすいのは「リピート率」と「単価」です。

ぜひここは意識しておきましょう。

Point

やみくもに行動するのはNG！
「売れる顧客基盤」をつくる活動をしよう！

「リピート率、単価の差」が大きな差になる！

Aさん	
年間開拓数	10件
リピート率	50%

VS.

Bさん	
年間開拓数	10件
リピート率	90% Aさんより40pt(%)高い
単価	Aさんより10pt(%)高い
紹介率	Aさんより10pt(%)高い

3年後の売上は、
同じ開拓数であっても
2.4倍の差がつく！

05 トップセールスは、「量」より「率」にこだわる

「とにかく行動をする」は危険。

トップを目指すなら「確率」にこだわる。

⦿「やりっぱなし」になっていないか？

今から、当たり前のことを言います。

きっと、「そんなことはわかっている」と思われるはずです。

でも、ほとんどの営業マン、営業組織は、これが十分にできていません。

これをするだけで、2倍、いや4倍も効率がアップする可能性があるのに、です。

それは、絶対に達成をしたいなら、**「量」ではなく「率」にこだわる**、ということです。


すでに毎日十分に頑張っているのにもかかわらず、「もっと商談を増やさないと…」と考えていないでしょうか。

逆です。**「もっと商談を減らすことはできないか」と考えるのが正解。**

そうしないと、「2倍の契約を取りたい」と考えた場合、「行動量（訪問数）を倍にする」といった体力勝負・消耗戦になってしまうでしょう。

もちろん、行動をしないとチャンスは得られません。

フットワークの軽さは絶対に必要です。

ただ、**効率の悪いフットワークは自己満足でしかありません。**

行動を起こした後、次の1週間はより確度を高めた行動をとっていないと、労多くして功少なし、つまりそれなりの成果しか得られません。

◉「うまくいかない要因」にこそ、チャンスがある

まずやるべきは、うまくいかなかった要因を把握し、改善を加えることです。

例えば、「架電からアポイントをもらえなかった要因」、

または、「商談から契約をもらえなかった要因」を把握します。

その中から、〝対策を講じられる要因〟に着目し、対策を講じるのです。

「そんな、当たり前のことを…」と感じられたかもしれません。
でも、本当にできているか、次のケースで確認してみてください。
ここでは、テレアポで新規開拓をするケースで考えてみましょう。

Before：現状

今の営業プロセスでは、1件の契約を取るのに500件の電話が必要。

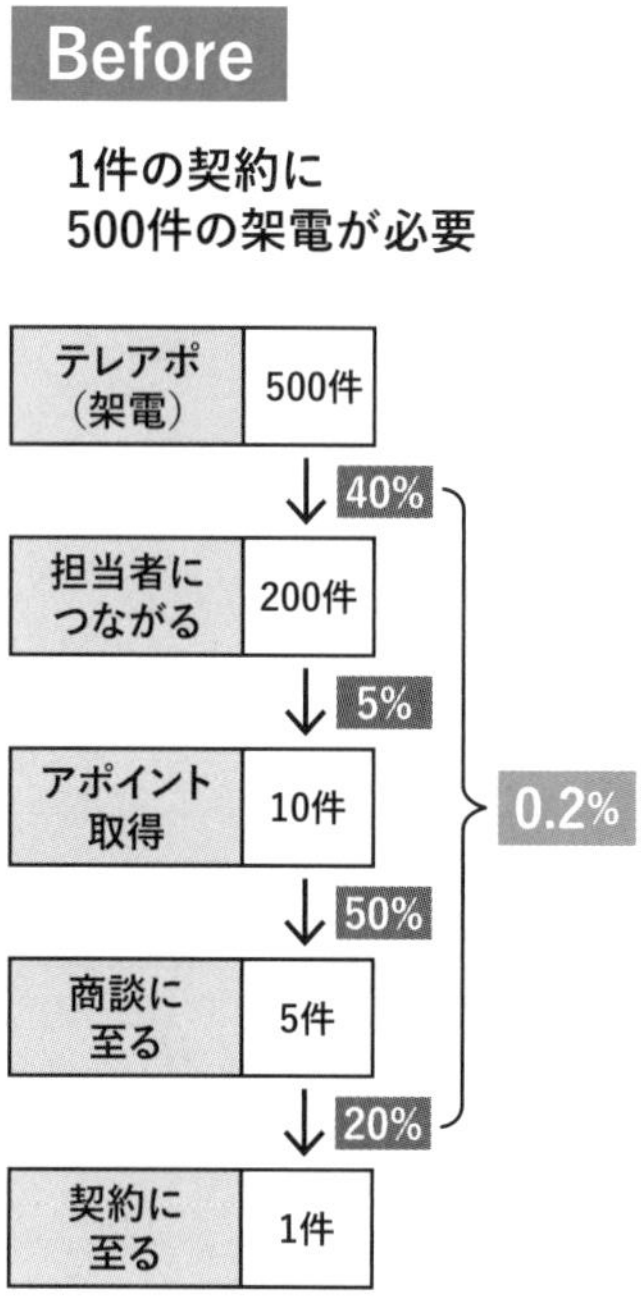

【ステップ1】失注要因の把握

「担当者につながったにもかかわらず、アポイントをもらえない」プロセスに着目。
「失注要因」を明確にし、そこから対策を講ずべき要因を特定。

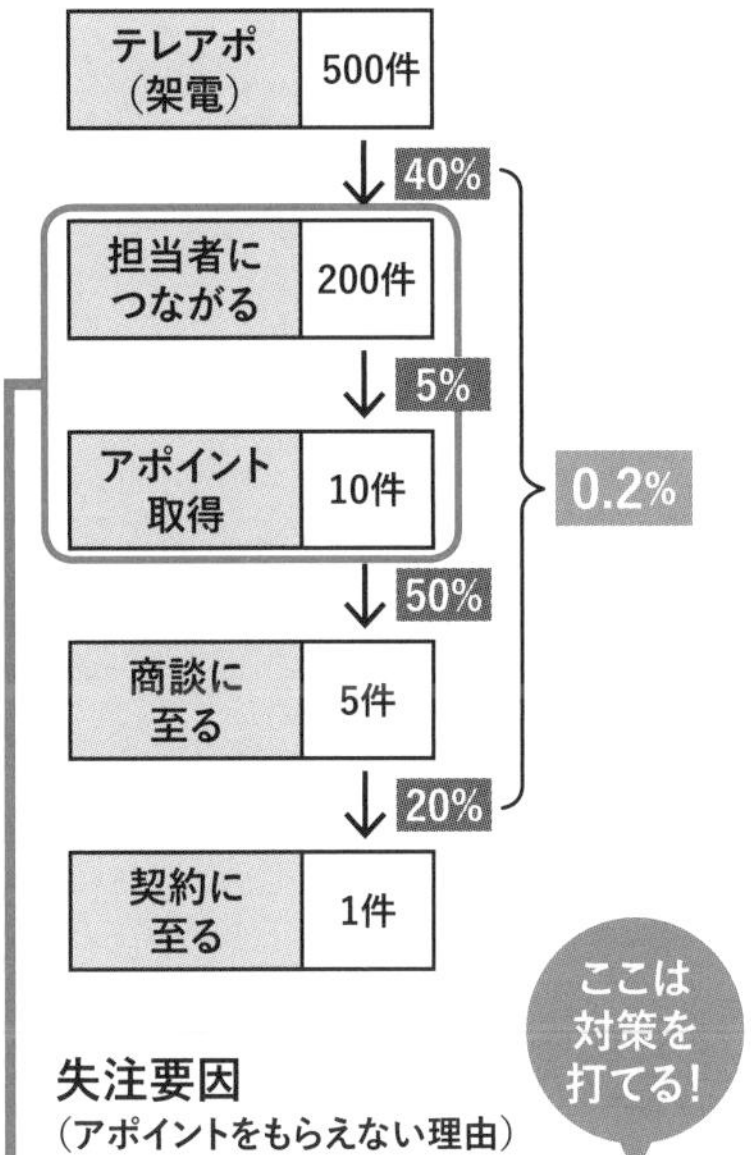

失注要因
（アポイントをもらえない理由）

他社にお願いしているので不要	100件
ニーズがないので不要	40件
利用したが不満だったので不要	20件
値段が合わないので不要	10件
納期が合わないので不要	10件
その他	10件

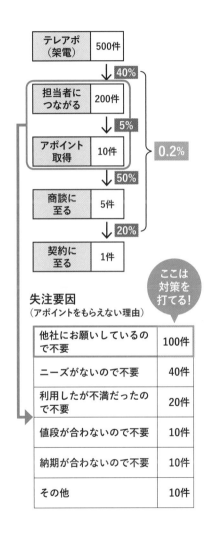

【ステップ2】複数の対策を講じる

より早く、効率の良い対策を見出すために、同時に2つ以上の方法を試すのがベター。試した後で、効果の良い方法を選択。

	失注件数
他社にお願いしているので不要	100件

対策
対策1　リストを見直す
対策2　対抗トークを展開

ここだけでも
10ptの改善ができたら…

	Before	After
他社にお願いしているので不要	100件	90件

アポイント取得が2倍に！

	Before	After
アポイント取得に成功	10件	20件

2倍に

After：結果

その結果、たった1つのプロセスの一部を「10pt」改善しただけで、
新規開拓の効率が2倍アップ！

「量」ではなく「率」に着目し、少し改善策を加えるだけで、結果は大きく変わります。

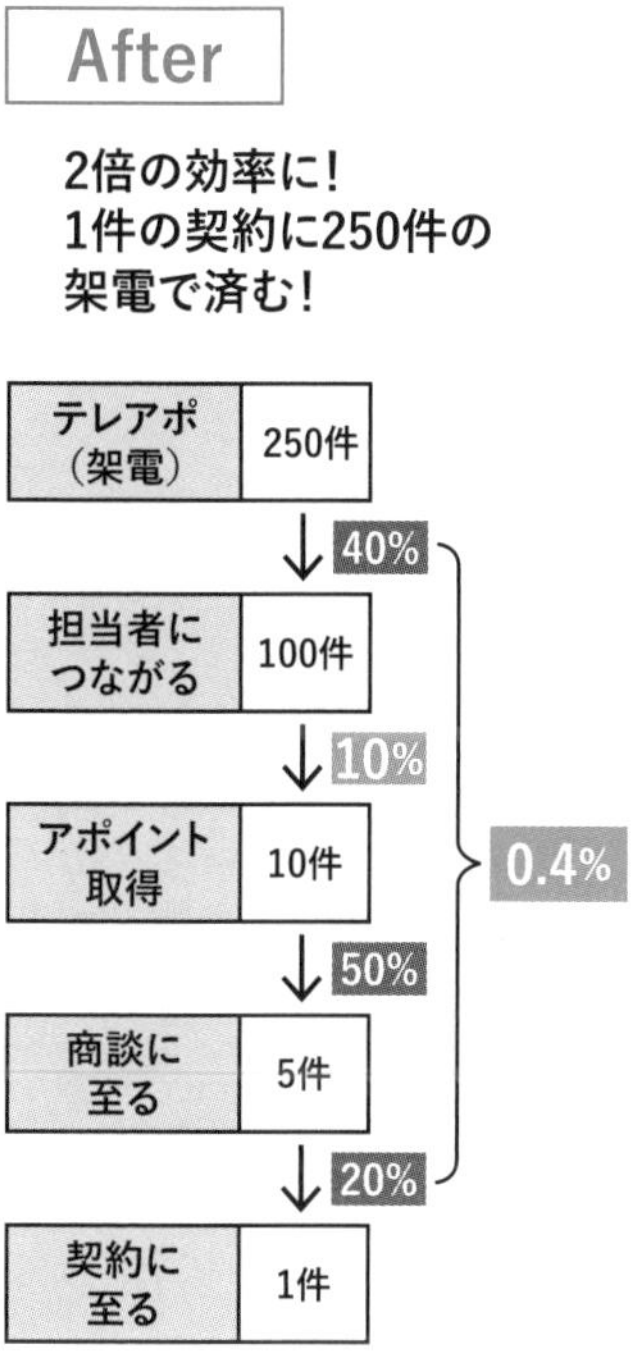

⦿さらに、「レバレッジ」をきかせる

この方法を覚えると、飛躍的に効率を高めた営業プロセスを構築できるようになります。レバレッジをきかせることができるからです。

レバレッジとは、「てこ」の原理を働かせることを言います。左図をご覧ください。

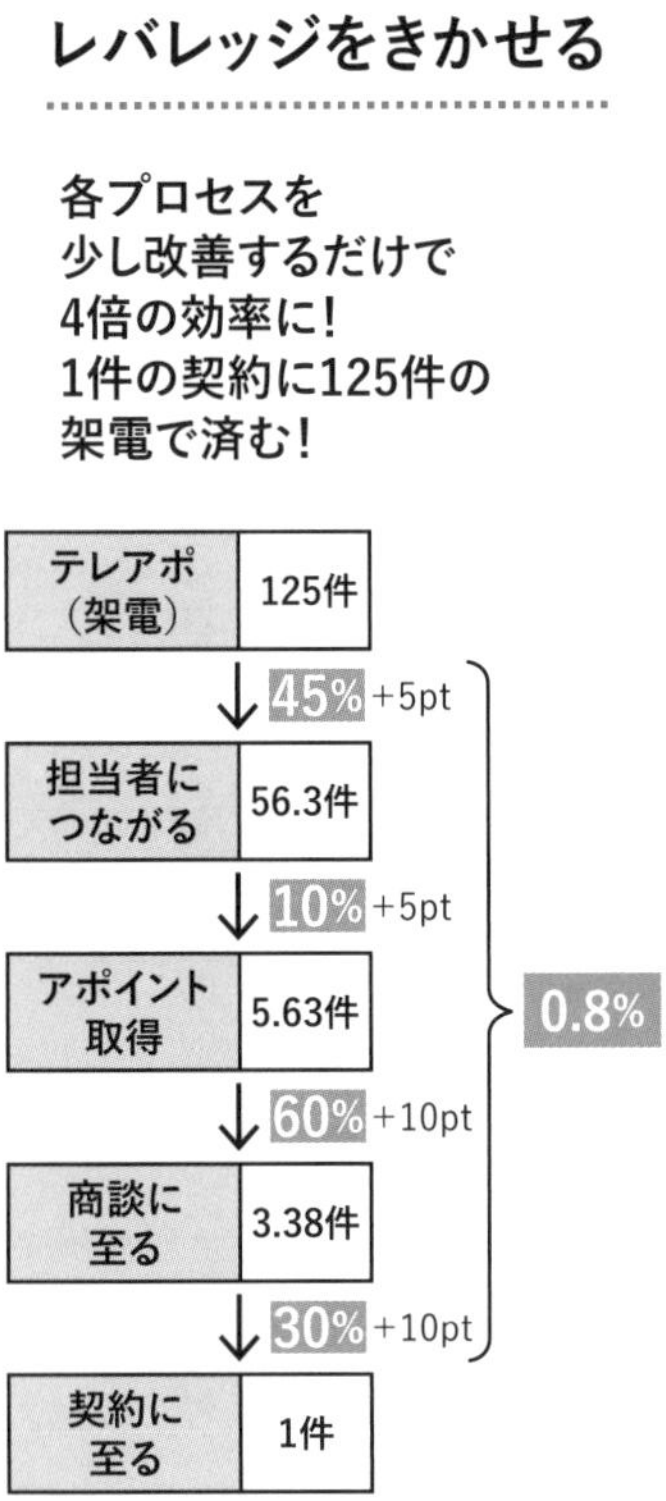

各プロセスの「率」をほんの少し改善するだけで、「率」の掛け算（乗数）効果が働き、飛躍的に効率がアップするのです。

対策はほんのちょっとしたことが多く、「電話をかける時間を変えてみる」「営業トークを改良してみる」「リストを絞ってみる」といったことですが、そんな**小さな工夫を繰り返すことで、数倍の効率アップになることも少なくない**のです（このケースは4倍の効率アップ）。

いかがでしょう。こうした検証や軌道修正をしないまま、営業に奔走してしまっていることはないでしょうか。

ここでは新規開拓のケースで考えてみましたが、既存のお客様への営業も同じです。ぜひプロセスの改善をしてみてください。

きっと、もっとラクに成果を出せるようになるでしょう。

Point

やりっぱなしにせず、必ず軌道修正を行うようにしよう！

06 すべての「想定外」を「想定内」にしておく

景気の悪化、担当者がテレワークで出勤しない……「想定外」は必ず起こる。
それらを「想定内」にしておくことは、目標を達成し続けるセオリーである。

◉「まさか、の坂」を常に意識する

私の周りには、10年連続で四半期目標を達成している営業マンが複数います。新卒で入社して、30歳を超えて、一度たりとも目標を外していない、そんな驚愕の成績をたたき出している人たちです。

彼らを取材してわかった、共通する特長があります。

特に気合が入っている、商談数が多い、ということではありません。

想定されるリスクへの予防策をキチンと講じている、ということです。

実際、こんなことがありました。あるトップセールスは、ひょっとしたら景気が悪化

想定されるリスク	予防策	事後対処法 （それでもダメなら）
景気悪化による、ニーズ減少	オンラインセミナーで探客強化	別事業からの紹介をもらう動きを強化
お客様のリモートワークの推奨による、接触数の低下	オンライン営業へのシフト	電話営業へのシフト
重要顧客「A社」の売上低迷による、予算縮小	ウォレットシェア（顧客の予算に占める自社シェア）を拡大させる	売上向上策を提案し、新たな需要を開拓
重要顧客「B社」の出店計画中止による、予算縮小	別の関連需要を探る	先行投資の提案
重要顧客「C社」の外注化による、ニーズ減少	外注先への営業を展開	他部門への営業展開

し、従来通りの活動では目標未達になってしまうかもしれないと、期初の段階で想定しました。

彼はすぐに動き始めます。具体的には「セミナーセリング」を実施する準備に入ったのです。

セミナーセリングとは、「勉強会」を開催し、第1部は「最新の情報」を提供、第2部で「商品の案内」をする方法で、来場された方のすべてが見込み客となり、一網打尽《いちもうだじん》の営業が可能になるといったメリットがあります。

結果はこうでした。想定をはるかに超える、景気悪化の逆風が吹いたのです。目標未達成の営業マンが続出しました。でも、彼は早期に動いていたので、結果的に、この四半期も見事に目標を達成することができました。

彼らのように10年にわたって連続で達成しようとまでは言いません。ただ、目標達成のために、きちんとリスクマネジメントはしておきましょう。

そのためにやるべきことは3つ。期初の段階で、次のことをやっておいてください。

【目標達成に向けてのリスクマネジメント】

①「想定されるリスク」を洗い出す。

②それらのリスクに対し、「予防策」を講じておく。

③それでもリスクが現実になってしまった場合の「事後対処法」を決めておく。

前ページの図のように、エクセルを使って、サクッと考えるだけでもOK。

これをしておくだけで、達成確率が飛躍的に向上すること、間違いなしです。

Point

計画は悲観的に、実行は楽観的に!

第5章

これを勉強しておくだけで、営業は一気に面白くなる！

01 コロナをチャンスにできた人のサバイバル力

コロナ禍で世間が不安に駆られていたとき、あなた自身は、虎視眈々と、その変化をチャンスにしようとしていただろうか？

⦿あなたはウズウズしていたか？

営業には2種類の人がいます。

・「今までの方法」を変えたくない人
・「今までの方法」を変えたくて、ウズウズしている人

嫌な言い方だと感じられたと思います。
でも、変化する時代に成果を出せるのは圧倒的に後者。
「過去を捨てて、どんどん新しい方法にチャレンジ」する人です。

２０２０年、コロナ禍で大きな変化を強《し》いられました。この変化を飛躍のチャンスにできていないなら、これほどもったいないことはありません。


私の周りでは、コロナ禍の激変を飛躍のチャンスにしたタフな人がたくさんいます。

冒頭で紹介した、保険の営業マンもそうでした。

オンライン営業に切り替え、商談数を2倍に、紹介数も2倍に増やしています。

一時は廃業も考えた知人のジム経営者もそうです。

すぐに感染リスクにケアをしたパーソナルトレーニングのメニューを導入。３か月後に完全復活を遂げました。

私もそうかもしれません。コロナ禍前より、受託した研修の件数は増えました。

研修プログラムを変更し、どこよりも早くオンラインでの提供を始めたからです。

もちろん、旅行業や飲食業の皆様にコロナ禍をチャンスに変えましょう、とは言いません。それどころではなかったことは痛いほど理解しています。

ただ、あなた自身は一人のビジネスパーソンとして、**コロナ禍で世間が不安に駆られていたとき、虎視眈々と変化をチャンスにしようとしていたかどうか**、そこが極めて重要なポイントです。

⊙正しい「過去の捨て方」とは？

だからといって、いたずらに「変わる」ことを良しとするわけではありません。

経営学の父、ピーター・ドラッカーは言います。

「強み」を用いて「貢献」せよ、それがビジネスで勝つセオリーである、と。

あなたが培ってきた「経験」「知識」は、あなたの「強み」です。

それを捨てよ、ということではないのです。

環境変化によって、今までのやり方では「貢献」ができなくなっているなら、迷うことなく、誰よりも早く今までの「やり方」を捨てましょう、ということ。

捨てるのは「やり方」です。

でも、あえて厳しい言い方をさせてください。

そもそも、次の新しい「やり方」を見出す方法がわかっていないのではないでしょうか。そうなると、捨てることが怖くて仕方ありません。

白状しますと、私もそうでした。

そんなこと、会社で教わりません。

先輩に尋ねても、「もっと、いろいろ勉強をせよ」と言われる始末。

でも、我々は忙しいわけです。

「これだけ会得すればいい」と言ってほしいところではないでしょうか。

そこで、この章では、「これだけは会得しておくべき」と私が考えていることを紹介していきます。


営業は業界特性の大きい職種です。

すべての営業に当てはまることではないかもしれません。

でも、そこから「あなたなりの法則」を見出してください。

きっと、変化をチャンスに変えるきっかけが見つかるでしょう。

Point

あなたがサバイバルするために捨てるのは「強み」ではない。「やり方」である。

02

「お客様マニア」になれているか？

100冊の本を読むだけでは、トップセールスにはなれない。お客様を知り、提案に活かすべく100冊読めば、トップセールスへの門は開く。

◉お客様に興味を持てないのは致命的

「お客様のことに興味が持てない」といった悩みを聞くことがあります。

私は営業する上で、これは致命的だと感じます。

「患者」に興味を持てない「医者」、

「生徒」に興味を持てない「先生」、

「従業員」に興味を持てない「社長」、

そして、「顧客」に興味を持てない「営業」。

興味を持てないと、いくら知識をつけてもうまく活かせないでしょう。

いくら**100冊の本を読んで、知識はバッチリだとしても、お客様のことに興味が持てない営業だとしたら、お客様は満足しません。**

では、お客様に関心が持てないときはどうすればよいでしょうか。

簡単です。もっとお客様のことを知ることです。

ここでは、お客様に関して知るべき「3つの観点」について紹介をします。

◉「人マニア」になる

個人営業はもちろん、法人営業においても、お客様の「人として」の面に興味を持つことは絶対に必要です。

次の観点で知ると、〝人となり〟が見えてきます。

- お客様の「過去」を知る（どんな経験をされてきたのか）
- お客様の「現在」を知る（どんなことに注力されているのか）
- お客様の「未来」を知る（やってみたいこと、ありたい状態）

私も経験があります。

ぶっきらぼうで怖い社長のお客様がいらっしゃいました。

少し雑談ができそうな雰囲気になったので、聞いてみました。

「社長はどうして、今のご商売を始められたのですか？」（過去）

すると、「もともとは暴走族で、その後、営業マンをしていた」とのこと。俄然、興味津々になり、「どうして、そこからここまで？」と経緯をうかがうことに。

その流れで、社長の今の趣味がクラシックの音楽鑑賞であることや、ゴルフを始めたけれどスコアの平均が１３０でセンスがないといった隠れた一面も知りました（現在）。

さらに、「今後は会社をもっと大きくしていきたい」（未来）という夢をうかがってからは、社長をただの「顧客」としてではなく、「人」として興味を持つようになったことを思い出します。

すべてのはじまりは、知ることでしかありません。

◉「商品マニア」になる

お客様が「どんな商品」を「どんな思い」で使っているのか、について詳しく聞いてみるといいでしょう。次のことを聞いてみてください。

・「どんな商品」を使い、どんな「評価」をしているのか？
・「3つの不（不便なこと、不満なこと、不安なこと）」はないのか？
・「もっとこうなると嬉しい」と思っていることはないのか？

現在の私は営業を受ける立場ですが、これらの質問を受けたことはほとんどありません。営業をしてきたからということもあるのでしょうが、私はこう判断します。

「この人は売ることに興味はあるけど、顧客には関心がないのだな…」と。

それでも、10人に1人ぐらいは関心を持ってくれる人がいます。

そのような人にはプロ意識を感じますし、やはり良い仕事をしてくださるので、私は紹介もしますし、惜しみなく発注もします。


さて、確認です。**あなたは、すべてのお客様に進んで「不」を聞いているでしょうか。**

実は、案外、そのことを聞くのに勇気がいるのも事実。

でも、そこを怖がっていてはいけないのです。ぜひ聞くようにしてみてください。

⦿「会社・事業マニア」になる（法人営業の場合）

法人営業の場合は、「会社」についても知る必要があります。

その会社の従業員になったレベルで、その会社のことを知ろうとし、愛着を持つことにトライをしてみてください。トップセールスの多くはそうしています。

具体的には、次の内容を教えていただくといいでしょう。

・設立年、創業のいきさつ
・過去の主力商品、現在の主力商品、これから伸ばそうとしている商品
・消費者の変化（年齢、嗜好など）
・ライバル企業の動き、新規参入の兆《きざ》しはないのか
・今、課題とされていること（事業レベル、マネジメントレベル、業務レベル）

ホームページにほとんどのことが載っていますので、まずは確認しておきましょう。

その上で、あとは実際の状況をお客様に教えてもらうのです。

こちらが興味を持つと、いろいろなことを教えてくださいます。

営業マン時代、こんなことがありました。あるレストランチェーンのお客様でした。創業の地は都会の一等地。それは、創業者のお母様の唯一のアドバイスによるものでした。なけなしのお金で、一等地に4畳半の狭小なお店を開業。すると、大繁盛。その後、店舗を増やし、その時期に今の幹部の皆様が入社。様々なぶつかりあいもあったものの、決めたことがあると言います。

「たとえ薄利になっても、食材の原価は落とさない。味の追求への気概にブレはなく」

そのこだわりが圧倒的な競争優位性につながり、今では100店舗の会社に…。

そうしたお話をうかがって、すっかりファンになりました。

営業はお客様のファンにならないと務まらないと感じます。

ビジネス知識の勉強も大事です。でも、お客様のことを好きになることが先。興味を持てないと、まず良い仕事はできません。

Point

お客様のことを知らずして、他の知識を蓄えても、それはしょせん机上の学習でしかない。

03 トップセールスの「天才的」発想をマネる

トップセールスが天才的な発想を見せるとき、実は特別なことはしていない。ただ、彼らは〝あること〟を習慣にしているだけである。

⊙「法則をつくれる人」が変化を起こせる

トップセールスに共通する、キラキラと光る資質があります。

誰もがやったことのない、斬新な方法を次々と編み出せる資質です。

それを、周囲は「天才的」と表現します。

でもどうやって、天才的なアイデアを生み出しているのでしょう。

彼らは〝アブダクション〟という、あたかも特殊能力のような能力を身につけており、習慣的に、新しいアイデアを生み出すことができる——。

これが私の見立てです。

説明しましょう。

アブダクションとは、「法則」を見つけるチカラのことを言います。

例えば、いつものレストラン。

メニューがタブレット式に変わっていることに気がついたとします。

楽しそうにメニューを選ぶファミリーが目に飛び込んできました。

この時点で、「どんな法則があるのか」と考え始めます。

自分の営業にも応用ができないかな…と。

その場で、すぐにその会社の情報をスマホでチェック。

すると、注文が増え、客単価がアップしているという過去のニュース記事を発見。

ここで、「法則」が見え始めます。

「選んで、ポチッ」という行為が本能的に面白いのかも…と。

そこで、他の事例でも当てはまるかを検証してみます。

「アマゾンのポチッもそうだ」「自動車のオプションを選ぶときも、３Ｄ映像を見ながらポチッとするなあ」

ということは、「選んで、ポチッ」というプロセスを営業に取り入れたら、商談からの契約率が上がるかもしれない。

「よし！　タブレットを使って、お客様にポチッと押してもらえるツールをつくって実験してみよう」と考えるわけです。

彼らは、**「観察」から、「法則」を見出し、自分の仕事に取り入れる名手。**

トップセールスは、「レストランで食事をしていたとき、天からアイデアが降ってきた」と言うかもしれません。でも、ただのアブダクションです。簡単、すぐできます。

⦿「天からアイデアが降ってきた」を量産するコツ

アブダクションを身につけると、アイデアが天から降ってくるようになります。

次にそのステップを整理しました。誰もができるステップです。

ステップ1「観察」……まず、うまくいっている事象を見つける
ステップ2「仮説」……「○○なのでうまくいっているのかな？」と想像する
ステップ3「検証」……他のケースにも当てはめて検証
ステップ4「発見」……「法則」を発見できた！

ステップ5「転移」……その法則を自分の仕事に当てはめてみる

どうですか。実に簡単ではないですか。

まとめます。
売れる芸人、アイドル、ドラマ、映画、アニメ、ゲーム……すべてが観察対象です。
そこから「仮説」を見出そうとしてみてください。
毎晩残業して、残務処理ばかりしていると見逃すかもしれません。
忙しくても観察はする、そんな心の余裕も営業には必要なのです。
目に見えるもののすべてが、営業に役立つ勉強となるでしょう。

Point

「法則を見出す人」になっておこう!
キーワードは、アブダクション。

04 社長と「まともな会話」ができるようにしておく

個人営業でも法人営業でも、お客様である社長と「まともな話」ができれば、大きなチャンスをつかめる。「まともな話」とは何かを理解しておきたい。

⊙単なる業者になるか、それとも参謀になるか

まず、あなたに選んでいただきたいことがあります。

「単なる営業マンとして見られたいか、それとも、お客様のパートナーまたは参謀として見られたいか?」

もちろん、正解はありません。

でも、皆さんには後者を選んでいただきたい気持ちでいっぱいです。

「経営者」のお客様と、まともな会話ができるようになる――。

こうなると法人営業であっても、個人営業であっても、営業として一気にチャンスが

増えるだけでなく、たくさんの相談を受けるようになり、ますます営業が面白くなるでしょう。

では、「まともな話」とは何か。

経営者が抱える事業の悩みや課題に、気の利いたことが言えるかどうか、です。

そのためには、ビジネスのセオリーを知っておく必要があります。

もちろん、一朝一夕《いっちょういっせき》ではいきません。

私も20代半ばから学び始め、今なお勉強を続けています。

だからといって、今から10年かけて勉強するようでは間に合いません。

大丈夫です。ここでは、**この話題ができれば「なかなか、やるな」と思われること間違いなし、という方法**を紹介しましょう。

⦿新人でも「まともな話」はできる

経営者の関心は、おおむね決まっています。

「ヒト」（人材を育てるコツ）

「モノ」（商売で大事なこと）

「カネ」（業績を持続的に成長させるコツ）
「情報」（変化に対応するコツ）

このあたりの話題で5～10分会話ができれば、営業マンとして認められるようになるのですが、最初は難しいと思われたかもしれません。

とっておきの方法を紹介しましょう。


名経営者の言葉を引用してみてください。

「聞いたところでは、松下幸之助さんは…」

「聞いたところでは、稲盛和夫さんは…」

「聞いたところでは、柳井正さんは…」

「聞いたところでは、イーロン・マスクは…」

といったように、経営者の多くがお手本にしたい人の考えを勉強しておくことです。

叱らないでくださいね。

私は、これを**「お坊さんの法則」**と呼んでいます。

20代の若者であっても、その人がお坊さんであれば、経営者を「なるほど」とうなずかせることができます。それは、「仏様は…」と、仏様の言っていることを代弁しているからに他なりません。もしそのお坊さんが、「ボク的には…」と言い始めたら、説得力は一気になくなるでしょう。

実績や威厳が足りない場合、やはり勉強をしておくことです。

経営者のエピソードは、お坊さんの威厳を保つ構造と一緒。

「もはや偉人級の経営者」の話（松下幸之助さん、稲盛和夫さんなど）

「圧倒的な影響力を持つ経営者」の話（柳井正さん、星野佳路さんなど）

「時代の先を行くグローバルリーダー」の話（イーロン・マスク、マーク・ベニオフなど）

いずれも、今では本やYouTubeで簡単に情報を得られます。

ぜひチェックしておくといいでしょう。

Point

実績や知識が足りないなら、「お坊さんの法則」であなたの価値を高めよう!

05

お客様から「選ばれ続ける」コツを知る

多くの営業マンは、「トーク」を磨こうとする。
トップセールスは、「自分の提供価値」を磨こうとする。

⦿マーケティングを知ると、営業マンは最強になる

マーケティングと営業は「水と油」のように言われます。
ピーター・ドラッカーはこう言っています。
「マーケティングの理想は販売（セリング）を不要にすることだ」と。

営業マンの存在を否定するようにも聞こえる考え方ですが、だからこそ、学んでおくべきなのです。だって、セリングが不要で売れるなら、最高だと思いませんか。

アグレッシブにテレアポをしなくても、靴底をすり減らして訪問活動をしなくても、あなたの評判を聞きつけた人から常に連絡が入る。

また、あなたの営業を気に入ってくださったお客様から、「あなたしかいない」という高い評価をいただき、さらに、リピート利用をしていただけたらどうでしょう。最高ではないですか?

だから、私も営業マン時代にマーケティングを学びました。
絶対に学ぶべきだと断言できます。
その理由、その効果、具体的な方法を紹介しましょう。

◉「バリュー・プロポジションキャンバス」で整理してみよう

マーケティングの本質は、「お客様に、他社からは得られない圧倒的な価値を感じてもらう」ことにあります。セールストーク、対話術といったテクニックのことではなく、あなたにしかない「オンリーワン」の価値を感じてもらうことを指します。

そのためには、**お客様のニーズから、自分の価値をつくり上げていく作業が必要**になってきます。
様々な手法があるのですが、ここではすぐに使える手法である**「バリュー・プロポジ**

ションキャンバス」を使って考えてみましょう。

アレックス・オスターワルダー氏の著作『バリュー・プロポジション・デザイン』（翔泳社）で紹介され、注目を集めるフレームです。

左図をご覧ください。これが、「バリュー・プロポジションキャンバス」です。

このように、「お客様のニーズ」から考えます。

これができれば「顧客のニーズに寄り添った営業活動」ができるようになるので、おのずとお客様に選ばれやすい状況を生み出すことができるわけです。

一度、あなたの営業も、「バリュー・プロポジションキャンバス」で整理をしてみてはいかがでしょう。きっと、お客様に選ばれる仕掛けをつくることができるはずです。

【顧客セグメント】 → **【顧客への提供価値】**

「❶お客様が解決したいこと」→「❹解決できるサービス」を考える

「❷お客様が嬉しいと感じること」→「❺嬉しいと感じてもらう行動」を増やす

「❸取り除きたいと感じること」→「❻減らすこと」を考える

Point

最強の営業マンは、マーケティング×セールスの「ハイブリッド型」!

顧客への提供価値から「増やすこと」「減らすこと」を考える

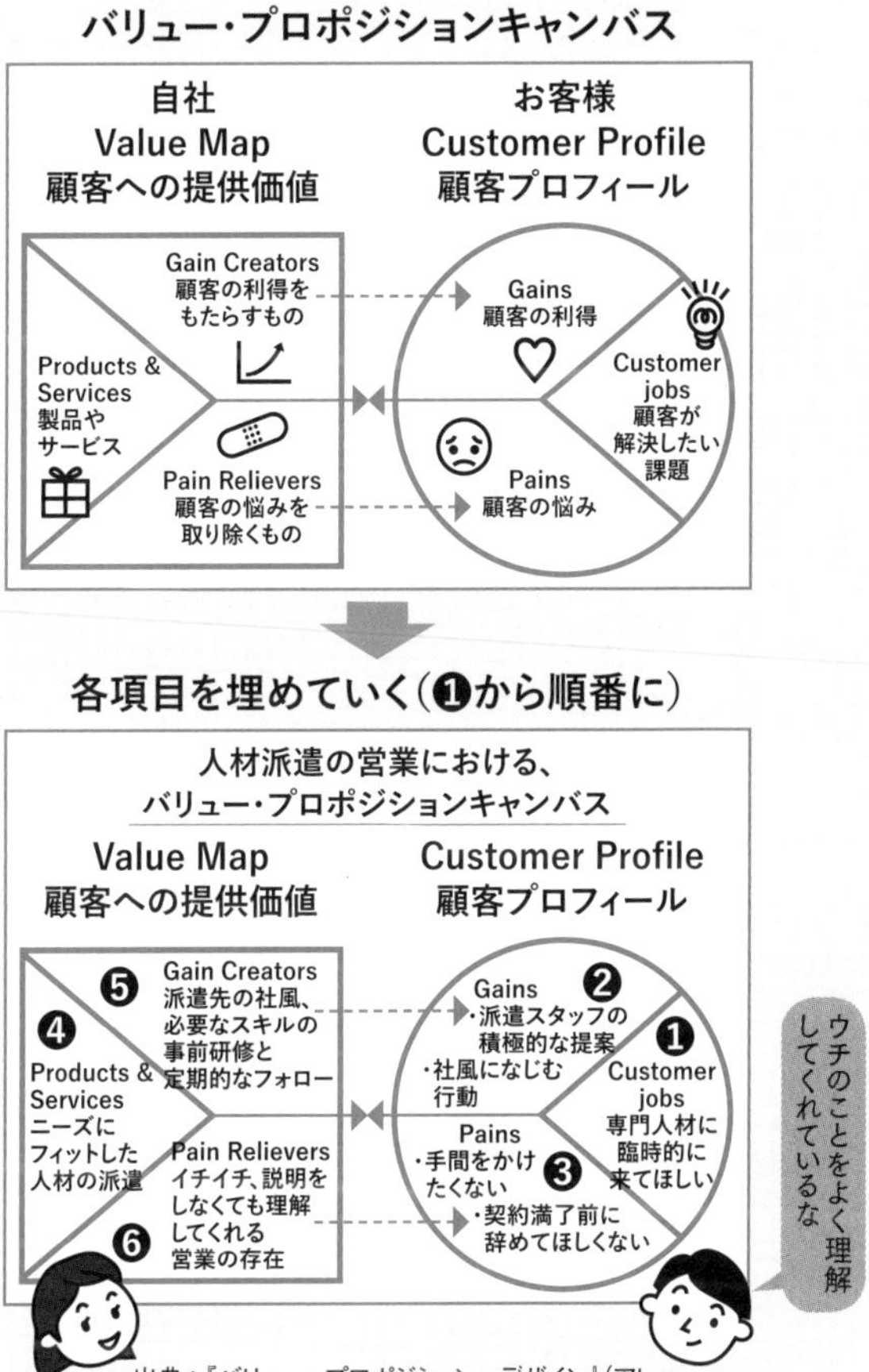

出典:『バリュー・プロポジション・デザイン』(アレックス・オスターワルダーほか、翔泳社)をもとに作成

06

「苦手な相手」を得意に変える対話術とは？

「やりにくいお客様」がいたとしても大丈夫。相性の良し悪しは関係ない。お客様のルールに合わせられるかどうか、それが営業の基本姿勢である。

⦿「ソーシャルスタイル」を知ると、対人対応力がアップする

私が新人のとき、あるお客様からこう言われて悩んだことがありました。

「伊庭君、そこまで明るくしなくていい。普通でいいよ」
「伊庭君、言いたいことはわかるけど、ちゃんとデータを添えた提案をしてほしい」

精一杯やっているつもりなのに、ダメ出しをされるとつらいもの。
どこか歯車がかみ合っていないジレンマを、ずっと抱え続けていました。
ちょうどその頃です、**ソーシャルスタイル理論**と出会ったのは。

すべての原因が解明でき、すべては私の問題であることもわかりました。

私はこの手法に助けられ、今なお研修、講演、コラム、他の書籍でもソーシャルスタイルを紹介しています。それほど強力なツールだと考えているからです。

苦手だなと思う人を一人想像してください。

思い当たる人はいましたか。

では、あなたがその人のことを苦手と感じる理由は何でしょうか。

かつての私がそうであったように、実は相手に問題があるわけではありません。

理由の多くは、「自分のルール」に合わない、それだけのこと。

さらに言うなら、「相手のルール」が理解できない、というだけなのです。

でも、自分のルールに合わないお客様も多いことを考えると、そんなことでは営業がうまくいくわけがありません。

一方、どんなお客様ともうまくやれるトップセールスたちは、「相手のルール」に合わせたコミュニケーションをしているのです。

そこで、「相手のルール」を知るツールとして、今回は私の研修でも紹介する「ソー

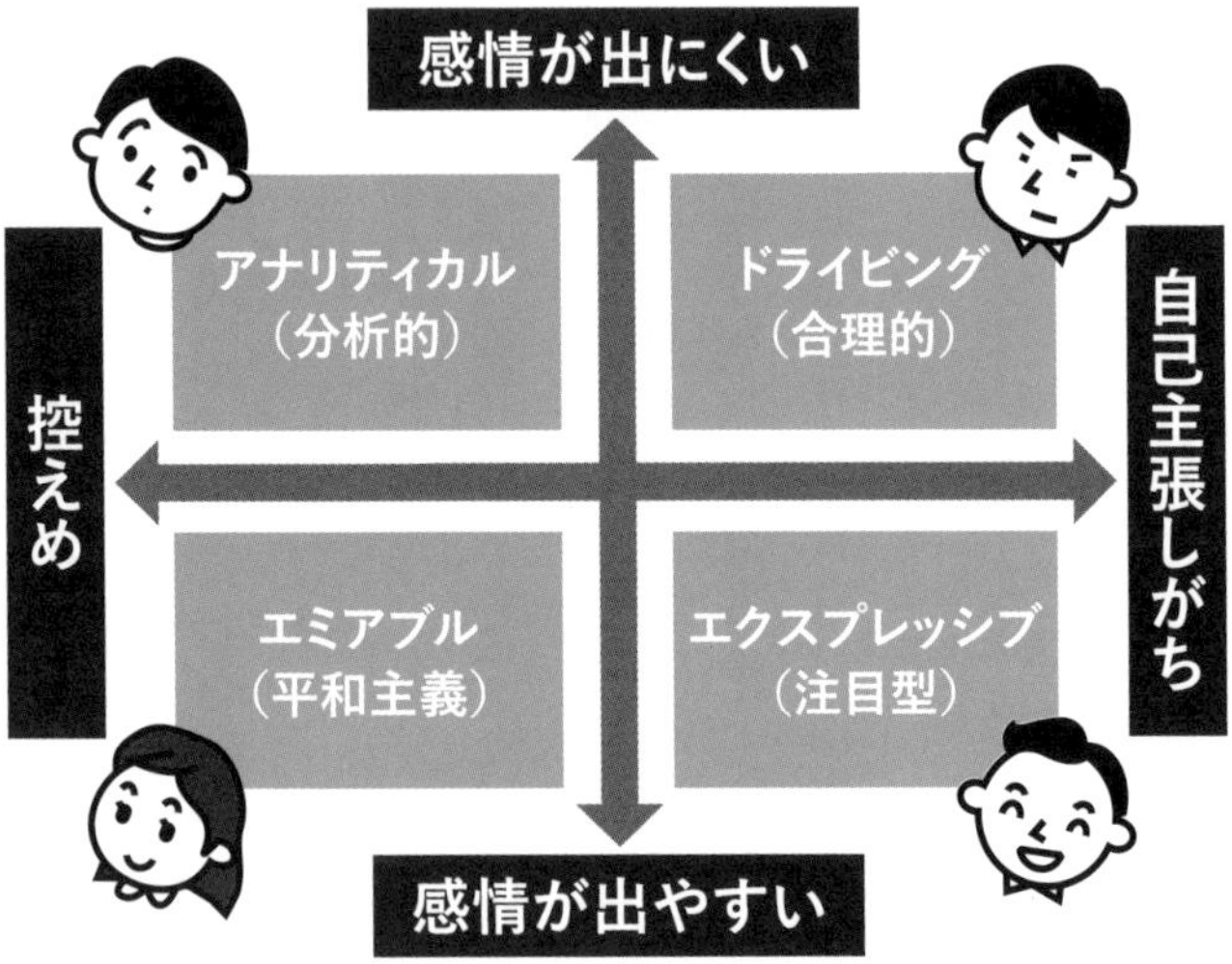

シャルスタイル」のセオリーを紹介したいと思います。

ソーシャルスタイルとは、1968年にアメリカの産業心理学者、デビッド・メリル氏が提唱した、今や世界に広まるコミュニケーション理論で、4つに分類される人のコミュニケーションのパターンを活用し、適切なコミュニケーションを選択するものです。多くの企業で取り入れられているグローバルスタンダードのメソッドでもあります。

上図のように**ソーシャルスタイルは、「感情」「自己主張」の大小によって、4つのタイプに分類**されます。

では、まず4つのタイプの特性を解説しましょう。

あなた自身、また〝苦手な人〟はどのタイプでしょう。そんな視点で確認すると、理解しやすいでしょう。

(1)ドライビング(合理的に目的を達成させたい人)の特性

・決めたゴールや目標を、合理的に、または確実に達成させることが好き。人にどう思われるかより、自分が決めた目的が大事。
・感情が表情に出にくい。クールな印象。早口で淡々と自分の意見を言う。
・せっかちで負けず嫌い。目的のためには厳しい判断も辞さない。
・遠慮はしないほう。言うべきことは言ったほうがいいと考えている。
例:本田圭佑、ビートたけし

(2)エクスプレッシブ(自分が注目されたい人)の特性

・感情が表情に出る。明るい雰囲気で自分が中心でいたい人。

・周囲を楽しませようとして話を盛る傾向があり、どこまでが本当なのか、わからない会話をすることもある。
・ノリを重視。注目されたい。新しいこと、話題性のあることが好き。
例：矢沢永吉、明石家さんま

(3)エミアブル（みんなの気持ちを大事にしたい平和主義の人）の特性

・感情が表情に出る。話すより聞く。穏やかな雰囲気で人の話を聞く人。
・人の気持ちや全体の調和を重視。平和志向。
・遠慮しがちで、自分の意見を持っていないように思われ、八方美人と言われることもある。
例：桜井和寿、小堺一機

(4)アナリティカル（理屈、分析を大事にする人）の特性

・感情が表情に出ない。話すより聞くことが多い人。
・あまり多くを話さない。沈黙も多く、熟考しがち。

・データや情報を分析し、独自の見解を持つことが好き。
例：野村克也、タモリ

いかがでしょう。
もちろん、人の性格を4つに分けることはできません。ただ、コミュニケーションの癖の強弱はありますが、大半の人が4つのいずれかのタイプに属すると私は経験上考えています。

⦿各ソーシャルスタイルへの対処法

では、各ソーシャルスタイル別の会話のコツを紹介しましょう。

ドライビングとの会話：ビジネスライクで明確なコミュニケーションが喜ばれる

(1) 明確さが大事!　結論から伝える（仕事においては雑談はなくてもかまわない）。
(2) スピードが大事。早めに仕上げる。
(3) 選択肢を示す（自分が決めたいと考える。2～3案から選んでもらう）。

エクスプレッシブとの会話：共感を示しながら、要約をすると喜ばれる

（1）言うことがコロコロ変わるので、今ここで決めてもらう。
（2）話が脱線しがちなため、要約をしてあげる。
（3）「その選択」をすれば注目されるはず、と話題になることを伝える。

エミアブルとの会話：ニコやかに穏やかな雰囲気で会話をすると喜ばれる

（1）一人で決めるのが苦手。相談に乗ってあげる。
（2）期限を決めるのが苦手なので、こちらが期限を決めてあげる。
（3）会話にゴールを求めなくてもＯＫ。会話で共感できることは価値あり。

アナリティカルとの会話：じっくりと納得を大事にしてあげると喜ばれる

（1）沈黙は考えを整理する時間。せかさず、待ってあげる。

（2）納得を得るために、前例やデータを示してあげる。
（3）デッドライン（締め切り）を決めておく。

さて、まとめましょう。

あらゆるタイプの人とうまくやる鍵は、繰り返しになりますが、「相手のルール」で考えることです。

そのルールを見抜くスキル、それこそが「ソーシャルスタイル」なのです。

コミュニケーションは「相手のルール」に合わせてこそです。

Point

コミュニケーションは「相手のルール」に合わせてこそ！

第6章

生産性3倍！トップセールスの「時間管理術」

01 ムダな仕事を効率化しても意味はない

「戦略とは何をやらないかを決めること」（競争戦略論の大家、マイケル・ポーター）
あなたは、「やらない」ことの大事さをどれだけ理解しているだろうか。

◉「ECRSの原則」でムダな仕事を撲滅する

いくら効率を高めたところで、価値のない仕事だと、まったくのムダでしょう。

バタバタしているのに成果が出ていない人を見ると、私はこんな光景をイメージしてしまいます。

「電車で移動しているとき、少しでも早く駅に到着したいと思い、先頭車両に向かって、電車の中を一生懸命に走っている姿」

いくら効率を高めても、まったく意味のない行為だというわけです。

さて、**トップセールスが、絶対に優先することは、「商談」と「フォロー」**です。

それこそが、自分の仕事だからです。「忙しくて時間がない…」などと言っている場合ではありません。

そうした言い訳をせず、**ムダな仕事を徹底的に排除しているのが、彼らなのです。**

その流れは極めてシンプル。誰でもできます。紹介しましょう。

①「商談数」「フォロー」を最大化させると決める。

↓

②そのため、「ムダな仕事（事務作業、ムダな打ち合わせ）」を徹底的に排除。

↓

③それでも「残った仕事」は、いかに手間をかけずに済ませるかを考える。

でも、これがなかなかできないから、誰もが悩むわけです。

良い方法を紹介します。「ECRS《イクルス》の原則」です。

ECRSの原則とは「ムダ・ムリ・ムラ」を撲滅する生産管理の技法です。

営業とかなり相性が良いので、ぜひ取り入れてみてください。

次の4つの要素で、順番に改善点を検討していく手法です。

商談数を最大化させるために、この順番でムダをなくす!（ECRSの原則）

検討の順序 ↓

Eliminate	排除	**「売上」「顧客満足」に影響しないなら排除** ・ムダな打ち合わせ（メールで済ませる） ・企画書のデザインにこだわること（契約率と関係ない） ・目的のない顧客訪問（行くからには仮説を持つ） ・手書きの手紙（私の場合は乱筆なため） ・丁寧すぎるメールの文章（読むほうもしんどい） ・事務所に行くこと（直行、直帰だと商談数が増える）
Combine	結合	**それでも残った業務は、一石二鳥を狙う** ・1度の商談で、複数の提案をする ・訪問したときは紹介をもらう（別部署など） ・即決を狙う（ヒアリング、提案、クロージングをセット化） ・単発の契約から長期契約へ ・訪問先の受付で待っているとき、従業員の往来の多い場所で待つ（ただ待つのではなく、印象に残す） ・お客様とパワーランチをする（昼食と商談を兼ねる）
Rearrange	入れ替え	**さらに場所や作業の順序を変える** ・アポイントは移動距離を最短化させる（移動は、商談数を落としてしまう原因） ・訪問後のお礼は、事務所に帰ってからではなく、移動中にメールで送る ・お客様へのメール返信も移動中に！（信号待ちの交差点や電車待ちのホームで即返信）
Simplify	簡素化	**作業をもっと簡単にしてみる** ・企画書や資料は、イチから作成しない（マスターを作成し、文字を差し替えるだけに） ・よく打つメールは、「定型文」を登録しておく（G mailは返信定型文、Outlookはクイックパーツ） ・メール作業は、スマホの音声入力で済ませる

【「ECRS」の4つの要素】

ステップ1「E：Eliminate／排除（＝「売上」「顧客満足」に影響しないなら排除）」
ステップ2「C：Combine／結合（＝それでも残った業務は、一石二鳥を狙う）」
ステップ3「R：Rearrange／入れ替え（＝さらに場所や作業の順序を変える）」
ステップ4「S：Simplify／簡素化（＝作業をもっと簡単にしてみる）」

ポイントは、「E：Eliminate／排除」からスタートしていること。

ムダなことをいくら効率化したところで、何の意味もありません。

右図は、私が営業マン時代に実際にやっていた、そして、今も実践している効率化の工夫を、ECRSで整理したものです。これを参考に、ぜひあなたもECRSで整理をしてみてください。きっと改善できることがあるはずです。

Point

「商談」と「フォロー」の数を増やすことが最優先事項。そのための障害は徹底的に排除する。

02

「良いムダ」と「悪いムダ」がある

自分ばかりが「得しよう」と、ひたすら効率化を図ってもうまくいかない。本物の営業マンは、「良いムダ」と「悪いムダ」があることを知っている。

◉損して得を取る

ＥＣＲＳで〝やらないこと〟を決めたとしても、杓子定規《しゃくしじょうぎ》に効率化に励むことは賢い選択とは言えません。

トップセールスは、もっと柔軟に考えます。

「お客様が本当に困っているとき」「お客様をサポートして差し上げたほうが良いとき」には、普段はやらないような「遠くまで訪問をして顔を出す」ことや、「手間のかかる資料を作成して差し上げる」といったことも進んで実行します。

彼らは「良いムダ」と「悪いムダ」があることを知っているのです。

私もお客様の会議に参加したり、お客様の会社で勉強会をしたり、社内用の資料を作成したりすることが、たびたびありました。

自分の本業を横に置いて、やるわけです。

だからといって、ボランティアのように考えているかというと、そうでもありません。

誤解なきよう聞いていただきたいのですが、「投資対効果」で判断をしています。

その行動が「Ｗｉｎ－Ｗｉｎ」、つまり、お客様にとってメリットがあるだけでなく、いずれは自分にもメリットがある、と考える。これが、できる営業マン、いや、できるビジネスパーソンの発想の基本です。

経営の神様、パナソニック創業者・松下幸之助氏の言葉は参考になります。（※①）

「子どもの時分によく親方から教えられたのは、商売人というものは、〝損して得取れ〟ということです。（中略）損を惜しんでは商売人として成功しないということを言われたのであります。これは商売だけではなくて、人間全般に通ずると思うのです」

◉「わがままなお客様」をつくるのは営業の責任

ただ、**「便利屋」になってはいけません。**

言われたことはなんでもやる…この行為は、あなたの首を絞めてしまいます。

※①『松下幸之助発言集（30）』（PHP研究所）

「来てくれたほうがラクなので、ちょっと来てくれない？」（電話でも済む内容なのに）
「前にもらったボールペン、また持ってきてくれない？」（頻繁に）
「社内の稟議にあげたいので、企画を3案ほど考えてくれない？」

こうしたことが当たり前になっているなら、営業マンの対応が、お客様をそのように〝育てて〟しまった可能性があります。

よかれと思ってやってあげたことが、いつしか当たり前となってしまっている。気がつけば、**「お客様だけがWｉｎ、営業はいつもLｏｓｅ（我慢）」の関係に自らがしてしまっていることはよくあること。これだと、「関係性強化」ではなく、「関係悪化」**です。

◉〝やりすぎ〟と思ったら代替策を提示

もし、「そこまですると〝やりすぎ〟かな（投資対効果が合わないな）」と思ったら、代替策を提示します。

お客様のWｉｎは担保しながら、次のように代替策を提示してみてください。

「申し訳ございません。スケジュールが立て込んでおり、時間の捻出がどうにも難しく…。その代わり、お電話かオンラインでお伝えする流れでいかがでしょうか？」

「企画を書面で提出するとなると、お待ちいただく可能性がありまして…。その代わり、口頭でお伝えする流れですとすぐにお伝えできるのですが、よろしければいかがでしょうか？」

「データの収集までこちらでするとなると、増員をしないと追いつかないのが現状です。その代わり、データの収集を御社でしていただき、こちらでしっかりと分析いたします。その形でいかがでしょうか？」

「便利屋」になってはいけません。

あくまで「パートナー」、それが営業の正しい立ち位置です。

Point

投資対効果で考えるとスッキリする。

03

トップセールスは、なぜ「完璧」を狙わないのか？

「必死になってつくったギャグより、とっさに出たギャグのほうがウケたりします」

芸歴40年、村上ショージの言葉。（※②）

⦿万全の準備より大事なこと

営業に出かける前に、失敗がないよう万全を期して、あれこれ資料を準備する――。

そんな営業マンを見て、トップセールスはこう思います。

「時間をかけるのはそこではない」と。

トップセールスは、準備に時間をかけすぎることを〝悪〟とします。

準備は70点程度でいい。30点は「軌道修正力」で乗り越えるしかない、と考えます。

もちろん、しっかり仮説を立て、準備はします。

※②zakzak by 夕刊フジ「【村上ショージ】芸歴40周年『僕の今があるのはさんまさんのおかげ』」（2016年12月2日）

でも、70点程度でよいと考えるのです。

というのも、商談は「なまもの（生もの）」だから。

先週うかがった話が今週には変わっていた…なんてことは当たり前のようにありませんか。


「大丈夫と思っていた上長の稟議が下りなかった」

「社長に稟議を上げてもらおうと思っていたら、社長が緊急で海外に出張に行ってしまった」

いくら準備をしていても、思うようにならないのが営業です。

それは自然災害のようなもので、必ず想定外は起こるのです。

だからこそトップセールスは、準備は70点で十分と考えます。

残りの30点はその場の対応で乗り切るもの、と割り切っているわけです。

⦿スピードには3つの種類がある

ＳＡＱという、「速さ」を表す概念があります。

Sは、スピード（Speed：速さ）…　歩く、タイピングなど、動作の速さのこと。

Aは、アジリティ（Agility：敏捷《びんしょう》さ）…　想定外の状況に対応する俊敏さ。

Qは、クイックネス（Quickness：反応速度）…　返事を速くするなど、対応の速さ。


もちろん、営業はすべてを兼ね備えておきたいところですが、**トップセールスになるために特に必要なのは、Aのアジリティ**です。

「大丈夫と思っていた上長の稟議が下りなかった」と言われてしまった場面で考えてみましょう。


トップセールスたちは、その場ですぐに他の対応を考え、提案します。

「ということでしたら、来期にまたぐ納品にするのはいかがですか？」と。


その言葉が出るまでに、３つ程度の代替策が頭に浮かんでいたりもします。

「来期にまたがる納品にすると、費用は半々で済む」ことを伝えようか、

「他の部署と同時購入にしていただいたら、費用は折半で済む」ことを伝えようか、

「今月にご契約をいただけたら、特別な特典を付けられる」ことを伝えようか…と。

この流れで、せっかくの商談をムダにせず、契約のチャンスにつなげるのです。

準備を万全にするより、アジリティの高さが現場ではモノをいうことがよくわかるでしょう。

⊙アジリティを高めるために、やっておくべきこと

では、どうすれば、アジリティを高められるのでしょう。

条件があります。それが次の3つ。

【アジリティを高める条件】

・顧客の特性、課題を理解していること（お客様のマニアになる　※186ページ参照）
・交渉力を身につけておくこと（「ハーバード流交渉術」などを学んでおく）
・「裁量」を持つこと（値引きだけではない）

この**3つが揃ったとき、〝あの手この手〟を繰り広げることができる**ようになります。

ではここで、この本で初めて触れることになる、「裁量」を持つことについて、説明します。

イチイチ上司におうかがいをたてて、その返事に2日もかけてしまっていたら、チャンスを失います。

そもそも、お客様は、ある程度の裁量を持つ営業と付き合いたいと考えています。

もちろん、「値引き」だけが裁量ではありません。

上司や社内の関係部門を動かすことであったり、

商品を特別仕様にすることであったり、

できる範囲のことで構いません。それも裁量に含まれます。

だからこそ、普段からやっておいていただきたいことがあるのです。

案件ごとではなく、「ここまでは常に自己判断でOK」というように、上司に「裁量」を預けてもらうようにしてみてはいかがでしょう。

私も営業時代はやっていました。

前職の求人広告の営業では、会社のルールで絶対に値引きはできませんでしたので（社長ですら値引くことはできない）、お店の宣伝を編集ページで取り上げることや、別の商品のモニターキャンペーンのご案内など、できる範囲で裁量をもらうようにしていました。これだけでもずいぶんと効果があります。

営業マンがイチイチ上司におうかがいをたてる姿は、お客様から見たとき、頼りない印象を与えます。「ハズレの営業マン…」と思われても仕方がありません。

裁量を持つ営業と取引したい、と考えるのがお客様です。

ぜひトライしてみてください。

時短になることはもちろん、あなたの信頼度が増すこと間違いなしです。

Point

完璧を狙うより、アジリティを高める努力をするのが正解！

04 トップセールスは、「回数」を重ねない

訪問件数20件。この「数字」だけを鵜呑みにしてはいけない。クロージングをする人の20件と、しない人の20件は、別物であることが多い。

⦿「訪問件数が多い」に騙されるな

ECRSの第2のステップに「C：Combine／結合」がありました。

営業マンならここだけは押さえておきたいという「C：結合」を紹介します。

商品の提案をした後、その場で「クロージング」をセットですることです。

クロージングとは、「契約に向けての合意を得ること」。

もちろん、商材によってはその場でのクロージングが難しいのは理解しています。

そんなときは、「テストクロージング」でも結構です。

ちなみに「テストクロージング」とは、契約に向けての関心の有無を確認すること。

次のステップ、例えば「見積りを用意する」「プランを考える」「在庫を確保しておく」などをしてよいかを確認することで、契約に向けて半歩進めるクロージングです。

さて、私は4万人を超えるビジネスパーソンに研修を提供してきました。

その中で、短時間で効率良く成果を上げている営業の共通点として、「クロージングが上手」という特徴を発見しました。

タイムマネジメントとクロージングは、極めて密接な関係にあります。

当たり前と思われたかもしれません。

でも、これが想像を超えるほどに、〝大きな差〟となっているのです。

この観点で、**クロージングをしっかりとセットで行う効果**について解説します。

【クロージングをセットで行うことによる、商談数・フォロー数への好影響】

・商談を一度に済ませるので、その後に〝追いかける〟回数を最小限にできている。クロージングをしない営業マンと比較して、半分程度の接触。

・その結果、他の商談に時間を充てることができている（商談・フォロー数が増加）。

クロージングをするだけで、効率は飛躍的に上がる

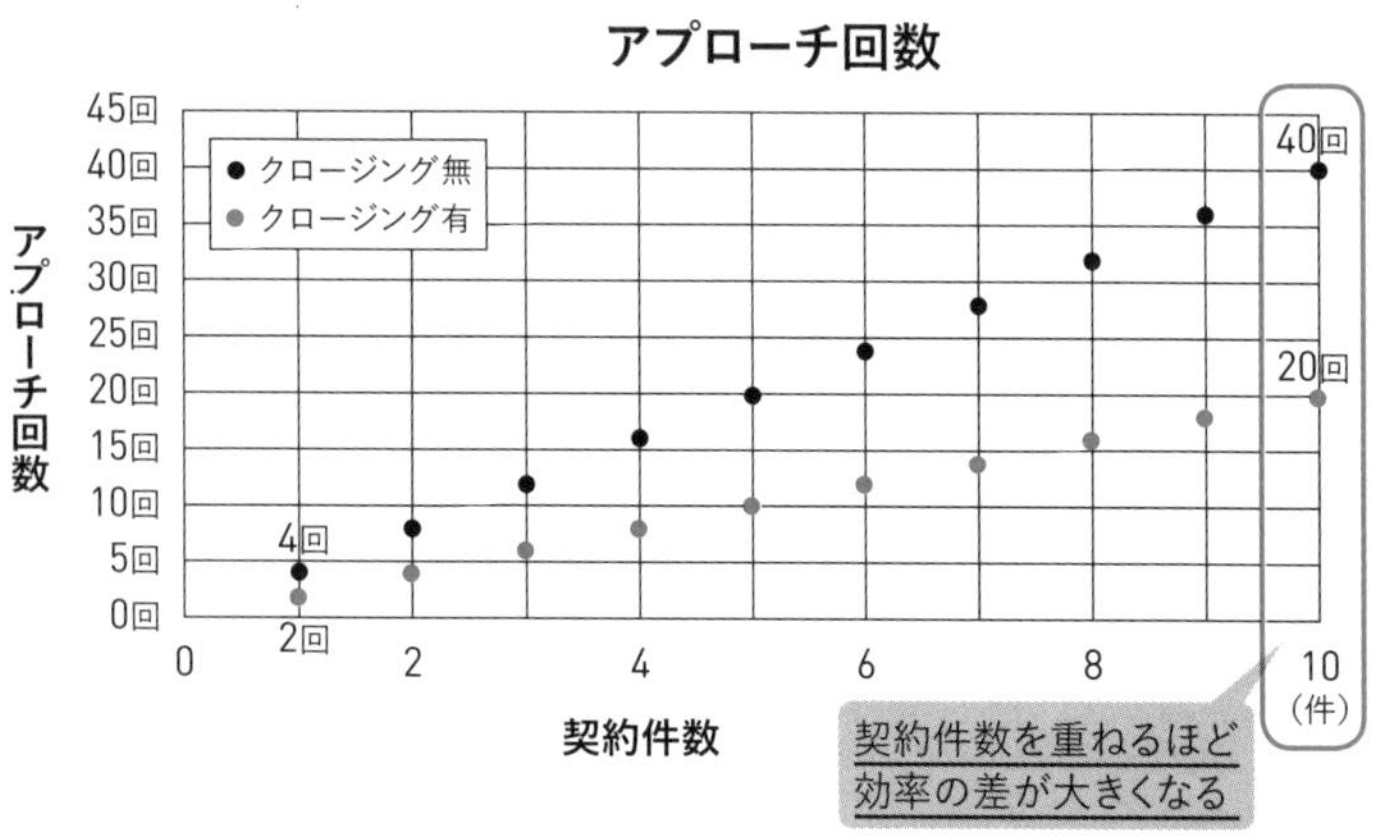

【契約率への好影響】

・商品にもよるものの、クロージングをしないときと比べ、契約率が2倍程度高くなる。

さて、このことを数字で確認すると、大きな差となることがよくわかります。

それが上のグラフ。クロージングをしない場合、1回の契約までに4回の折衝を要していたとします。また、クロージングをすると、折衝が2回に短縮していたとしましょう。

契約件数を重ねるほどに、効率の差は歴然となることがわかります。

10件の契約をする頃には、両者には20回ほどのアプローチ回数の差が生ま

れています。クロージングをする人は、その分、他の商談やフォローに時間を割けるわけですから、当然ながら成果に大きな差が出てくるわけです。

◉クロージングをするのが苦手な人へ

とはいえ、クロージングが苦手な営業マンは少なくありません。「ガツガツしていると思われたくない」「いきなりお金の話をすることに抵抗がある」。そんな声が多いのも事実。そのため、「また連絡をさせていただきます」と引き下がってしまうわけです。

しかし、これは大きな間違い。**クロージングはお客様の意思決定を促すサービス**です。クロージングをかけられないお客様の視点に立ったことはありますか？　**営業に対して「本気さを感じない」といった気持ちになるもの**です。

クロージングの進め方については、１０６ページですでに解説しました。ぜひトライしてみてください。

Point

きちんと、クロージングを行えば、ムダな訪問をなくせる。

05

「電車遅延」を遅刻の言い訳にしない

時間はコントロールできるが、状況はコントロールできない。
だとしたら、うまくいかないことをあらかじめ想定して動くしかない。

◉「遅延証明書」をもらう行列を見て思うこと

都心部で仕事をしていると、電車の遅延は必ずあるものです。
その時、必ず見る光景があります。
サラリーマンが「遅延証明書」をもらうために改札に並ぶ姿です。

もちろん、遅延証明書はもらうべきです。
でも、毒を吐いてもいいですか？
遅れても構わないと思っていなかったか、と。

営業職の場合、お客様に時間をいただく職業であるため、いくら遅延証明書をもらっても、遅刻は遅刻であり、迷惑をかけることには違いありません。

プロの営業マンは、そうした緊張感の中で日々過ごしているのです。

営業におけるタイムマネジメントは、遅延証明書に頼るような感覚では絶対にやっていけません。

こう考えてください。

人身事故で電車が遅れようが、バスが渋滞しようが、お約束の時間までに必ずたどり着ける「余裕を持ったスケジュール」を立てる努力をすること。

できることならば、**20分か30分前には、訪問先の近くで待機しておくくらいがちょうどいい**でしょう。

また、可能な範囲でいいので、万一に備えて、複数の移動手段を確保しておくことです。他の電車のルートはあるか？　いざとなった場合はタクシーを呼べるか？　私自身はこのあたりまでは必ず考えるようにしています。

実際にあった話をします。

新大阪で仕事の約束がありました。阪急電車で向かっていたのですが、地震が発生。

上新庄駅（京都と大阪の間）で電車が止まってしまったのです。

走ると40分。仕方がないので、川沿いをスーツ姿で走って新大阪に向かいました。

先方が、アポイントどころではないとのことで、延期になりましたが、時間には間に合う算段でした。1時間の余裕を見ていたからです。

⦿トラブルは突然起こるものと考えておく

これを読んで、「すごい」と思わないでいただきたいのです。

「営業だと、まあまあかな」くらいに思ってください。

営業のタイムマネジメントとは、こういうことなのです。

それゆえ、こう考えてください。


「電車は遅れるもの」「バスは渋滞するもの」

「タクシーは捕まらないもの」「信号はひっかかるもの」

「突然、雨は降るもの」「地震はいつ来てもおかしくないもの」


さらには、オンラインだってそうです。

「オンラインは通信がうまくいかないもの」
「オンラインツールは勝手にアップデートがかかり、翌朝は立ち上がらないもの」
「頂戴したオンラインのURLが間違っていることもあるもの」

そう考えておくと、余裕を持っておこうと思いませんか？
これこそが営業のスタンダードだと思ってください。

もちろん、人間ですから時にはポカミスもあるでしょうし、完璧にはできません。
私も恥ずかしながら、そう思っていても、うまくいかないこともありました。
でも、できる限りのことは考えておく。これこそが基本姿勢だと考えておきましょう。

Point

営業は、こちらからお時間を頂戴する職業であることを忘れてはいけない。

06 トップセールスは、「すぐに行きます」と反応しない

すぐ駆けつけることは素敵である。誰もがそうしたい。
でも、それはリスクでもある。

⦿「すぐに行きます」と言う営業マンの悲劇

お客様から「いつ来てくれる?」と言われたとき、どうしていますか。
「では、すぐに行きます」と反応していませんか。
新人の頃の私はそうでした。そりゃ、誰もがそうしたいでしょう。

しかし、これをやってしまうと、〝あっち行って、こっち行って〟と移動距離がどうしても長くなることから、時間が足りなくなり、結果的に他のお客様へのフォローがおろそかになってしまいます。

アポイントの鉄則は、「移動距離」をできる限り短くすることです。

もちろん、お客様の状況次第なので、柔軟に対応することが大前提。
それでも、可能な範囲で、調整の相談をしてみてください。

これは私のある日のスケジュールです。
午前中は新潟。お昼から東京に移動し、連続で3件の商談。
たまたまラッキーだったからではなく、ご相談をしたから、こうなったわけです。
おかげさまで移動距離は5～10分以内。2時間半で3件の商談ができました。

アポイントは、“固める”が鉄則

時刻	金
8:00	
8:30	研修（新潟）
9:00	
9:30	
10:00	
10:30	
11:00	
11:30	
12:00	
12:30	東京へ移動
13:00	
13:30	執筆（移動）
14:00	
14:30	
15:00	東京14:50着
15:30	商談（東京・大手町）
16:00	
16:30	商談（東京・神田）
17:00	
17:30	商談（東京・秋葉原）
18:00	
18:30	
19:00	ジム（東京・品川）
19:30	
20:00	

2時間半で3件の商談

◉アポイントの調整方法

お客様との時間交渉には少しテクニックが必要です。

丁寧に要望をお伝えする流れにしないと、さすがに嫌われてしまいます。

もちろん、お客様にムリをお願いするわけにもいきません。


その場合、**DESC法**を使うと良いでしょう。

DESC法とは、相手の感情にケアをした話法のことを言います。

左図のように、D（描写）→E（説明）→S（提案）→C（選択）の流れで相談します。

もちろん、電話でも、メールでも、DESC法は有効です。

最初は慣れないので、ギクシャクするかもしれませんが、すぐに慣れます。

ぜひ使ってみてください。


鉄則は、**「アポイントは固めて取る！」**です。

Point

「すぐに駆けつけること」の副作用をよく理解しておこう！

DESC法を覚えれば、お客様に配慮した相談ができる

Describe（描写する）	ただ、事実のみを伝える	ありがとうございます。すぐに駆けつけたいのですが、今週は金曜日まで時間がタイトでございまして。大変申し訳ございません。
Explain（説明する）	自分なりの意見を示す	せっかくの機会でございますので、ぜひきちんとお話をうかがいたいと思っております。
Suggest（提案する）	提案をする	差し支えなければ、来週の月曜日の夕方あたりか、火曜日の午前中などご都合はいかがでございますでしょうか？
Choose（選んでもらう）	決断を促す	もちろん、ご意向、ご都合もおありかと思います。ご希望をお聞かせいただければ幸いです。

07

オンライン営業が当たり前になり、街の様々な場所が商談スペースに

「移動中でもよろしいですか？」このセリフが言える営業マンは最強である。

⦿もはや、場所は関係なくなった

先ほど、移動時間は最短にするべき、と申し上げました。
次は、一見するとムダでしかない移動時間を、有効活用する方法を紹介しましょう。

今はオンライン営業が十分に市民権を得た、と言っても過言ではありません。
だからといって、すべてをオンラインにするのは単純すぎます。
これからはハイブリッド型で、効率化を図るのが賢い選択です。
「訪問」と「オンライン」を有効に使い分ける、これがベストな選択。
特に、移動中にオンラインが使えるようになると、効率が一気に高まります。

また、あなただけではなく、お客様にもメリットがあります。

上の写真をご覧ください。私とお客様との打ち合わせの光景です。

出先でアポイントがあり、その帰路、乗り換えのために下車した駅のホームで商談を行ったときのものです。移動中でしたが、周囲にほとんど人がいないので、そのまま20分、ここで商談をしました。

たまたま、ではありません。「この場所なら、オンラインで打ち合わせができる」とあらかじめ目星をつけていたのです。

わざわざワーキングスペースを探さず

とも、Ｗｉ－Ｆｉがあれば、どこでも商談はできることがわかっていただけたでしょう。

ぜひ、**「ここならオンライン商談ができるかも」という視点で、いつもの街を眺めてみてください。意外と多いもの**です。

⦿移動中のオンライン商談にトライしてみよう

先日、感動したのは、ある大手企業の執行役員のお客様。

元トップセールスの方で、とても感じの良い方です。

ご無沙汰していたので、ご挨拶のアポイントを頂戴したい旨をご連絡したところ、「移動中でもよろしいですか？」とのお返事。

とてもお忙しい方なので、そのお返事だけでも感謝しかないのですが、驚いたのが当日。〝ゴーッ〟と音が鳴っていたので場所をうかがったところ、新幹線での移動中にデッキ（連結部）から、オンライン（Microsoft Teams）で会話をしてくださっていたのです。

これほど、感謝したことはありませんでした。

と同時に、時間をできる限りムダにしない、タイムマネジメントの神髄を見た瞬間でもありました。

・電車の待ち時間
・タクシーの移動中
・カフェ（店内は邪魔になるので、テラス席）

など、意外と商談ができるところは多いものです。

移動時間にぜひ一度、オンライン商談を入れてみてはいかがでしょう。

なんだか格好悪いと思われた方もいるかもしれません。
確かに、最初はちょっと勇気がいります。
もちろん好みですが、営業マンであるからには、お客様のメリットや営業のチャンスを逸失しないように、最善の選択をしたいものです。

Point

ちょっと勇気がいるのは確か。でも、「面子」より、「メリット」で判断しよう。

08

トップセールスは、「3週間先」を真っ白にしない

できるビジネスパーソンが、絶対に言わないセリフがある。
1つは「難しそうなので…」。そして、もう1つが「忙しいので…」。

⦿なぜ、「重要度の高い仕事」が後回しになるのか？

タイムマネジメントを語る際、次のようなことがよく言われます。

「〝重要度が高く、緊急度の低い〟タスクにこそ、本当にやるべきことがある。だから後回しにするな」と。

でも、頭ではわかっていても、そう簡単にはいかず、形骸化してしまうもの。
とりわけ営業は、スケジュール通りにいかないことが多い職業です。
お客様からの急な依頼、社内からの急な確認など、突発の仕事についい時間を奪われて

しまうもの。なので、**やりたいことができない…これが営業の悩み**なのです。

そこで1つ提案です。ぜひこうしてみてください。

たったこれだけで、そうした悩みを一気に解消できます。

まず、**少なくとも「3週間先の予定」が埋まっている状態にしてみてください。**

具体的には「あなたが重要と思っている仕事」をどんどん予定に入れてしまいます。

自分勝手に入れてOK。突発の仕事はそのスキマに入れていきます。

「いつか、空いたときにやろう」では、間違いなく形骸化してしまいます。

そうではなく、まず「このときにやる」と予定として決めておくのです。

タイムマネジメントで大事なことは、「予定は入ってくるものではなく、自らつくっていくもの」ということ。時間（タイム）をマネジメントするとは、そういうことです。

本書ではすでに、先々の予定を自らつくっていくことの大事さについてはお伝えしました。さらに、それを確実なものとするための期間、それが「3週間」なのです。

「3週間先が埋まっている＝自分から予定を入れて（つくって）いっている」

それがバロメーターと考えてください。

⦿忙しくても後回しにしない方法

私自身、次の方法で「本当にやるべきこと」を後回しにすることがなくなりました。

やり方は簡単。ステップはたった2つしかありません。

まず最初に、これから3か月先までをイメージしてみてください。その上で、

【ステップ1】「やっておきたいこと」をリストアップする

【ステップ2】「予定」としてスケジュールに記入する

それだけです。拍子抜けだったかもしれませんが、たったこれだけで、あなたのスケジュールの立て方は劇的に変わるでしょう。「時間に追われる生活」を脱し、「時間を追い越す生活」を手に入れることができること間違いなしです。

例えば、

「お客様の上位者と情報交換をするための、アポイント依頼の連絡を入れる」

「お客様への納品後、このタイミングでフォローとお礼の電話を入れる」

「お客様の特別な日をチェックし、電話かメールをしてみる（創立記念日、誕生日、新卒が配属される日など）」

「あのお客様の自動車の走行距離が、この時期に4万キロを突破するかもしれないので、1本電話を入れて調子をうかがっておこう（自動車販売の場合）」

「この時期に顧客データを最新に更新しておこう」

といったように、**「やらないといけないと思いながら、後回しになりがちなタスク」も、予定化するだけで確実に実行できるようになる**でしょう。


考えてみると、営業はずっと〝忙しい〟はずです。

この〝忙しさ〟が暇に変わることは、ずっとありません。

だとしたら、**忙しくてもやるべきことを「後回し」にしないようにしておく。**

これこそが、営業マンが実践すべきタイムマネジメントです。

Point

「できるときに…」はNG。進んで「予定化」する。

09 トップセールスは、メール処理をオフィスでやらない

「すぐに行きます」と後先を考えずに訪問するのは効率を落とすのでNGだが、それでも営業は顔を出したほうが有利なのは間違いない。だから、優先順位を決め、さらに1分たりとも時間をムダにしないことが重要となる。

◉メール返信が速くなる「革命的な小技」

言いすぎかもしれませんが、次のように感じています。
「**外勤の営業マンは、事務所でメールを打っては負け**」と。
これには、2つの問題提起の意味があります。

・ピュアセールスタイムに事務作業をしてしまっていないだろうか？
・スキマ時間を有効に使えているだろうか？

もちろん、すべてのメールを外出先で打つのは難しいでしょう。

でも、外勤営業の場合、事務所でのメール処理を当たり前としない姿勢は必要です。

というのも、第3章でも述べましたが、今は**スマートフォンの音声入力を活用すれば、移動中であってもすぐにメールを打つことができる**はずですし、べつに音声入力を使わなくても、スマホやタブレットがあれば、スキマ時間を活用できるはずだからです。

ちなみに、今、ご覧になっているこの文章の下書きもそうです。

品川の交差点で信号待ちをしている時間に、スマホに音声で入力をしています。

このスピード感を体験した人は、わかっていただけると思います。

パソコンに向かって、事務所でメールを打つことがバカバカしくなることを。

私は研修でも、本でも、YouTubeでも、音声入力のノウハウを紹介しています。

というのも、私が**実際に使ってみて革命的に生産性が上がった**からなのですが、同時に、大げさかもしれませんが、これを広く伝える使命感のようなものを感じているからです。

◉音声入力は簡単！

特別なアプリは不要です。あなたのスマートフォンですぐにできます（特にiPhoneは精度が高い）。

左図をご覧ください。

どんなアプリでもOK。私はGmailを使ってメールを打っています。

まず、マイクマークを押します。後は声を吹き込むだけ。

音声入力を駆使すれば、スキマ時間の使い方が革命的に変わる！

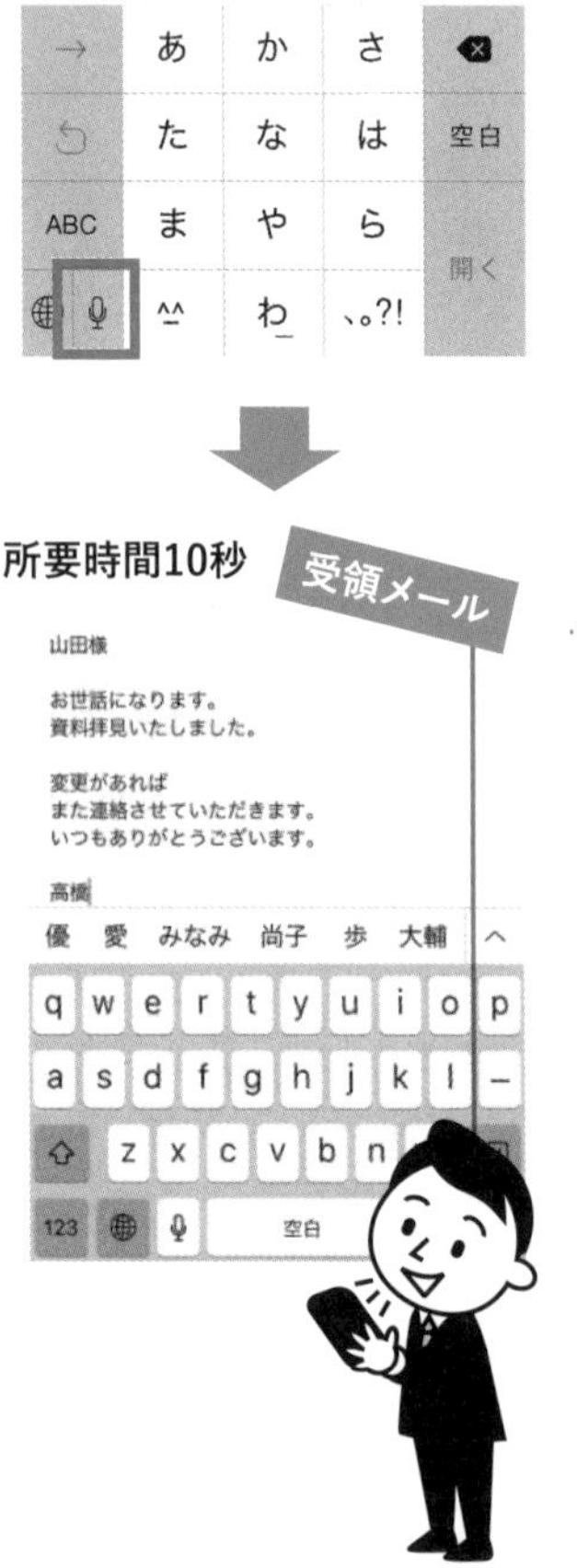

では、実際にやってみた文章を紹介します。それがこれ。

山田様
お世話になります。らしさラボ、伊庭でございます。
本日はお忙しい中、機会を賜りまして、誠にありがとうございました！
これからの皆様の挑戦への想いをうかがい、心を熱くした次第でございます。
私でお役に立てることがあればお気軽におっしゃってくださいませ。
引き続きよろしくお願い申し上げます。
らしさラボ、伊庭

いかがでしょう。変換ミスが1文字たりともないことをご理解いただけたと思います。
これがわずか数十秒で入力できるのです。やらない手はないでしょう。

音声で入力できる文字（記号）の一例を、次ページで紹介しておきますね。
意外と入力できるものが多いもの。ぜひあなたもいろいろ試してみてください。

音声入力で変換できる記号の一例

※以下はiPhoneの場合。スマホがAndroidの場合、変換されないものもあります

	発声
空白	タブキー
改行	かいぎょう
。	まる(くてん)
、	てん(とうてん)
!	びっくりまーく
,	こんま
=	いこーる
−	まいなす
&	あんど
@	あっとまーく
/	すらっしゅ
\	ばっくすらっしゅ
:	ころん
;	せみころん
・	なかぐろ
~	ちるだ
+	ぷらす
?	はてな
%	ぱーせんと
|	ぱいぷ
.	どっと
‥	にてんりーだー
…	てんてんてん

	発声
※	こめじるし
→	やじるし
↑	うわむきやじるし
↓	したむきやじるし
←	ひだりむきやじるし
“	だぶるくぉーてーしょん
‘	あぽすとろふぃー
¥	えんまーく
①	まるいち
②	まるに
□	しかく
■	くろしかく
○	しろまる
●	くろまる
◎	にじゅうまる
<	しょうなり
>	だいなり
(	かっこ
)	かっことじる
「	かぎかっこ
」	かぎかっことじる
{	ちゅうかっこ
}	ちゅうかっことじる

Point

メールは、移動中やスキマ時間に、スマホの音声入力を使って打つ！

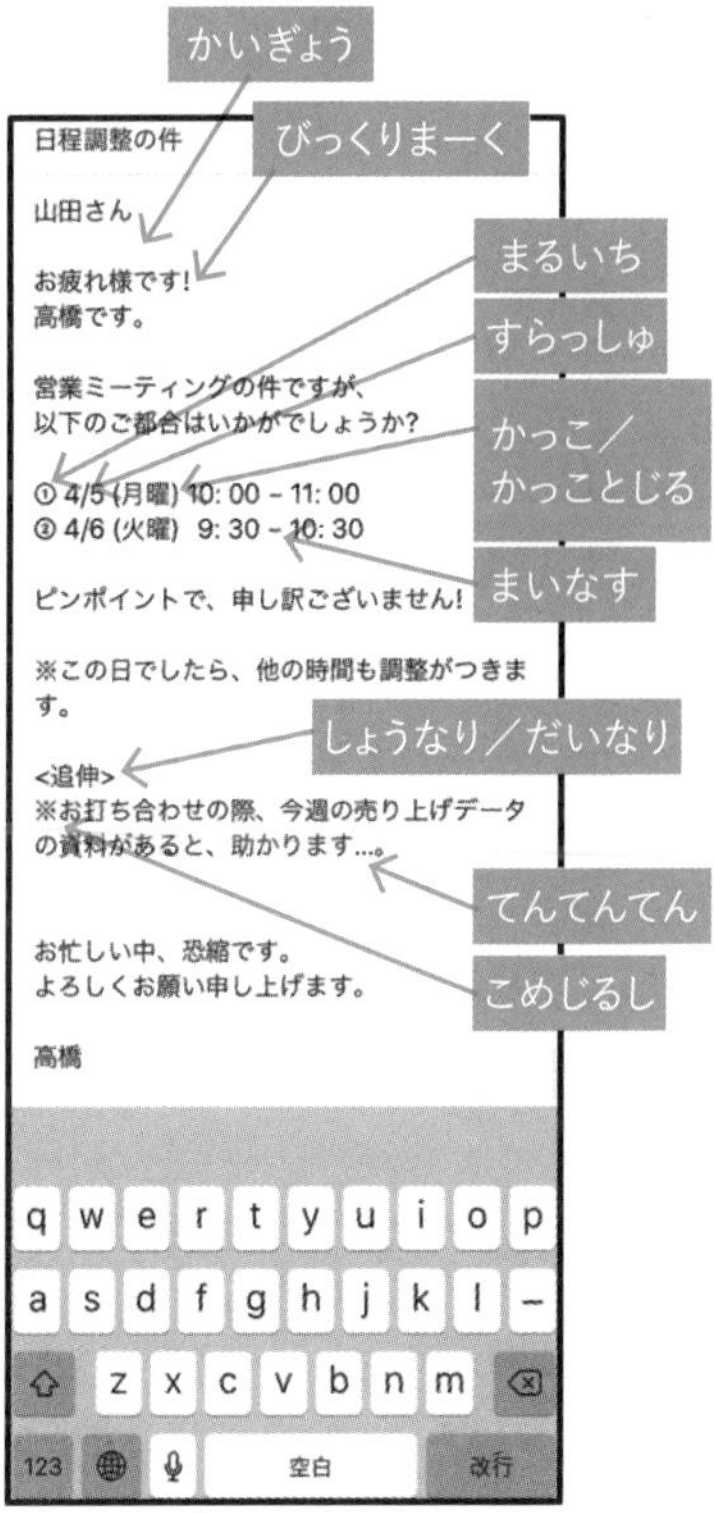

10 トップセールスは、「逆算」でしか考えない

納得できるまでやって許されるのは、巨匠の作品だけであって、営業マンの仕事はそうではない。仕事が遅い、と言われるだけである。

⊙レポート作成に半日をかけていた営業マン

研修先の営業マンから相談を受けたことがあります。

「事務作業が多く、なかなか訪問活動ができない」といった内容でした。

本来であれば、事務作業自体をなくしましょう、と言いたいところです。

でも、一人の営業マンが会社の仕組みを変えるのは容易ではありません。

この場合、営業としてやっておくべきことがあります。

自己防衛として、タスクの処理能力を高めておくことです。

まずやっていただきたいこと、それがこれ。

一つひとつの作業に「所要時間」を決めてから取りかかること。

当たり前すぎる、と思われたかもしれません。

でも、意外とこの当たり前のことができていないのが営業マンなのです。

営業はタスクが洪水のように押し寄せてきますので、ゲームで目に飛び込んでくるモンスターをやっつけるように、すぐに手を出してしまうことが少なくないのです。


先ほど相談を受けた営業の方もそうでした。

「一つひとつのタスクに締め切り時間を設定せずにやっているため、思った以上に時間がかかっている」ということもわかりました。

社内のレポートの作成に、日によっては午前中いっぱいを使っていたこともありました。いい加減な仕事はできないと思い、納得のいくまで丁寧に仕事をしていたのです。


この方の問題は、なんといっても「所要時間を決めていないこと」。

時間に関係なく、納得できるまでやって許されるのは巨匠の作品だけ。営業マンの仕事ではそれは許されません。

求められていることが違います。

営業に求められるのは、スピードです。

まず、左図のように、すべてのタスクをＴｏＤｏリストにしてみてください。

その上で、**タスクごとの所要時間も入れて練習する**ことをお勧めします。

タスクごとに所要時間を設定するのが正解

○　時間内で終える

×　納得いくまでやる

タスク	メモ	所要時間
**学校執筆		1.5時間
**様	予習	0.5時間
**様	予習&準備	1時間
**様	アンケート解析	3時間
**様	骨子作成(九州)	1時間
ランディング	取材シート	3時間
**様	投影資料	2時間
模造紙手配		0.5時間

よし、
お客様の予習は
何があっても
30分で済ませよう

⦿ 商談の時間割をイメージする

雑談が長引き、気がつけばタイムアップになってしまう…。

つい話し込んでしまい、気がつけば2時間がたっていた…。
こうしたことも、所要時間を決めていないことが原因。
商談をする際は、4分割で考えてください。

①ラポール　　：雑談で関係性をあたためる（5～10分）。
②ヒアリング：状況や問題を聞く（10～20分）。
③提案　　　：仮説の提案をする（20～30分）。
④クロージング：契約書、または次のステップの確約をもらう（5～10分）。

むろん、商材によって多少は異なります。
大事なことは、あなたの商談の標準タイムを持っておくこと。
雑談が長くなり、クロージングができなかった…といったことは避けられるはずです。

Point
何かに取りかかる際は、所要時間を決めてから取りかかる。

第7章

「営業がうまくいかないとき」のリアルな対処法

01 担当者とウマが合わないときの対処法

ウケなかった漫才師が「今日は客が悪い」と言ったら、成長は止まるだろう。
営業もまったく同じである。「お客様が悪い」と思わないほうがいい。

⦿「人」としてではなく、「役割」として見る

営業をやっていると、相性の合わない担当者というのはいるものです。
もちろん、私にもいました。

・忙しくなると機嫌が悪く、すぐにキレる担当者。
・自分のミスの責任を、営業（私）になすりつけたがる担当者。
・仕事にやる気のない担当者。

そんなのは序の口。「人格がおかしいのでは」と思う人もいました。
きっと、あなたにも思い当たる人がいるのではないでしょうか。

だからといって、担当者を選り好みするわけにはいきません。

大丈夫です。こう考えてください。

「人」としてではなく、あくまで「役割（担当者）」としてみる、と。

「人として許せない」わけでしょう。

「役割」としてのみの観点で見ると、ラクになるもの。

バカバカしいと思われたかもしれませんが、意外と効果はあります。

「いやに不機嫌だな…、ちょっと苦手だな。まあ、仕事だし。

あくまで、〝役割としての担当者〟と割り切ろう」と。

不謹慎に思われたかもしれません。

でも、営業を経験した人なら、共感していただけると思っています。

同じようなことをおっしゃっている方がいらっしゃいます。

ブリヂストン元ＣＥＯの荒川詔《しょう》四《し》氏です。

荒川氏の著書『参謀の思考法』（ダイヤモンド社）に、次のようなフレーズがあります（「・」は筆者が追加）。

・「相性のいい上司」に恵まれることはないと考えておく
・上司を「人」ではなく、「機関」と考える
・「ネガティブな感情」は、そのまま放置しておけばいい

これも、仕事を全うするプロの心構え。
好き嫌いで仕事をしないことも、重要なスタンスです。

⊙ウマが合わないのは誰のせい？

これだけは意識しておいてください。
ウマが合わないのは、お客様のせいでは決してないということ。
あなた自身の「思い込み」でしかないということを忘れないでください。
もちろん、お客様が犯罪でもしているのなら、話は別です。
でも、そうではないでしょう。あなたの好みだけの問題。

だとしたら、こう考えてください。

相性の悪い人は、あなたの「伸びしろ」に気づかせてくれる人だ、と。

苦手なのは、100%、自分の対応力の問題でしかない、と考えるわけです。

そのように考えると、「ひどい」と思っていたお客様への見方も変わりませんか。

私にも苦手なお客様がいたと先ほど申しました。

でも、この考えに行きついてからは、ずいぶんとストレスを軽減できました。

営業をしていると、信じがたい人もいます（あくまで、私の常識の中では）。

でも、そんな人にも、笑顔で普通に接することができるようになりました。

つくづく思います。営業は人間力を高めてくれる職業だ、と。

お客様にイラッとしたときは、むしろ成長のチャンスとも言えるのです。

Point

相性が悪いお客様は、自分を磨くチャンスでもある！

02

不景気になり、成果がなかなか上がらなくなったときの対処法

「『得手に帆を揚げて…』とはよく言ったもので、得意な道を一生懸命に打ち込んでおりさえすれば、チャンスは必ずあるよ。一生のうちに好景気、不景気は必ずめぐってくる。そんなことにジタバタしても、仕方がないよ」（本田技研工業創業者・本田宗一郎氏の言葉）（※①）

⦿「会う人」を変えることで、道は開ける

不景気になると、昨日までの好調が嘘だったかのように、突如として目標達成が厳しくなるのはよくあることです。

名経営者であった本田宗一郎氏もこう言っています。（※①）

「景気、不景気があるのは当たり前のことなんだ。振り子が右に振れれば、次は左にゆれる。それでダンダン良くなるんだよ」

したがって、必要以上に悩む必要はない、ということ。

※①『経済界』ホームページ「本田宗一郎の名言『不景気だと騒ぐより、このチャンスに自分を磨け』」より

ただ、ダンダン良くなるためには待っていてはダメ。やはり努力は必要です。不可抗力で目標達成が厳しくなったときこそ、「新しいやり方」にトライすることは絶対のセオリーでしょう。

私自身、そのことを確信しています。

私は、バブル崩壊後の１９９０年代、２０００年のＩＴバブル崩壊、リーマンショック、そしてコロナショックと、突如として襲ってきた逆風を何度も経験してきました。

振り返ると、どう考えても不景気のときにやったことのほうが、景気の良かったときにやったことより、次の成長につながったと感じています。

もし、不景気で先が見えないなら、こう考えてみてください。

こんなときこそ「あなた流の新しいやり方」を開発するときだ、と。

さらに、営業の場合はやるべきことは簡単です。

「会う人を変える」のです。そこに突破口があることは少なくありません。

法人営業であれば、担当者ではなく、経営者に会うべきです。

もはや、アテにしていた予算は霧のごとく消えてなくなったはず。

かといって、担当者に「予算をつくってください」と営業するのはナンセンスです。

では、どうすればよいのか。

まず、法人営業の場合。

「目先ではなく、将来を考えている人」、つまり経営者に会うことです。

経営者は、必ず景気は回復すると考えます。

そして、今のうちに準備をしたい、と考えるものです。

今、私が携わっている研修事業もそうです。コロナショックで景気はどん底でしたが、経営者と話をすると、「今こそ研修をしておくべき」と思われていることが多く、私自身は逆風をそれほど受けませんでした。

ニーズのある業界に絞る方法もあるでしょうし、景気の影響を受けにくい公共団体の方にアプローチをする作戦もあるでしょう。

個別でなく、組合や団体を訪問すれば、一気に契約がもらえることもあるはずです。


個人営業でも一緒。

景気の悪いときは、ご紹介が一番です。

景気の良い人の周りには、景気の良い人が集まっているもの。

だからこそ、アフターフォローを欠かさないことも重要です。

よく思いつくな…と思われたかもしれません。

でも、これが営業の面白さだと思うのです。


もちろん、失敗もあります。各県の県庁にアプローチしたところ、検討は2年後と言われ（遅い）、せっかくの努力が水の泡になったこともありました。

成功の裏で、あとあと話のネタになるような失敗経験をするのも、面白いものです。

こうした失敗も不景気だからこそ許されるもの、とは思いませんか。

景気が良ければ、こんな〝あそび〟はできません。

ぜひ、不景気のときこそ、まず「会う人」を変えてみてください。

思った以上に、希望の光に包まれていることを実感できるものです。

Point

景気が悪いとき、営業は〝あそび〟の要素が増える。会う人を変えてみよう！

03
自然災害など、営業どころではないときの対処法

営業どころではないときこそ、連絡をすべき。

心で思うだけでは、あなたの〝やさしさ〟が伝わることはまずない。

◉「お見舞い」に切り替える

震災のときもそうでしたし、コロナショックのときもそうでした。

「こんな災害時に、お客様にアプローチをかけるなんて、申し訳ない…」

という声をよく耳にしました。しかし私は、そうではない、とお伝えしてきました。

「今こそ、お客様にアプローチをするべき。お見舞いをしてください」と。


災害時に営業がやるべきことは、「お客様へのお見舞い」です。

ご無事であるかどうか、ご心配なことが起こっていないかどうか、そこに関心を持っていただきたいのです。

営業を受ける立場になるとわかります。
災害時、むしろお見舞いの電話は、気を遣ってもらってありがたいと感じるもの。
そりゃ、非常時なので、発注をすることはないかもしれません。
でも、その時にお見舞いの電話をくれたことをお客様は忘れないものです。

でも、つい遠慮をしてしまって、電話すらしない営業マンは少なくないのです。
想像してみてください。お客様にはどのように映るでしょう。
「契約がもらえそうなときだけ、電話をしてくる営業」に見えませんか。
あなたは、ただ遠慮をしていただけ、だとしてもです。
営業において、「遠慮」が美徳になることはまずありません。
契約が厳しいであろうときにこそ、連絡をするから信頼もされるわけです。
それが、この後の「良い関係」につながるのです。

⦿想像を超える「お見舞い」の効果

そこまでお見舞いの重要性を感じているのは、私のある体験があるからです。
あれは、阪神・淡路大震災のときのことでした。

神戸の街は壊滅的な被害を受け、我々の求人広告をご利用いただいていた企業の皆様は、ことごとく営業停止になりました。

言葉を選ばずに言うと、コロナショック以上のダメージだったと言えるでしょう。

一瞬にして、ビルが倒壊し、店も跡形もなくなり、鉄道は遮断され、家もなくなる、それが当時の状況でした。

多くの営業組織は、神戸からの撤退を余儀なくされ、大阪に集約されました。

しかしそんな中、神戸営業所のメンバーたちは、神戸にとどまる決断をしたのです。

「お客様のお見舞いが終わっていない」と。

彼らは、スーツをジャンパーに着替え、革靴をスニーカーに履き替え、すべてのお客様の安否と、手助けできることを確認してまわりました。

また、失業者が多いであろう避難場所に、自分たちが扱う求人情報誌をお届けする活動もしました。

当然、すぐに商売になることはありません。

でも、思った以上に神戸の復興は早く、2年後にはある程度の回復をしたのです。

さて、どうなったと思いますか？

なんと、**30%程度だった市場シェアは、80%を超える状況に。**たった2年で、です。

お客様は彼らの取り組みを評価してくれていた、ということなのです。


もちろん、この活動が100%正解だったわけではないかもしれません。

ある期間はまったく商売になっていなかったわけですから。

でも、2年後の成果を考えると、あながち間違いではなかったと言えるでしょう。


「お見舞い」をすることの効果は、わかっていただけたのではないでしょうか。

「営業をしている場合ではない」と思いたくなったときこそ、営業は遠慮をせずにアプローチをしないといけないのです。

Point

営業は「モノを売る」だけではない。お客様が困っているときこそ、お役に立つのが営業である。

04 なんだかやる気が出ないときの対処法

「やる気になるのが先」か、「やる気を出すために良い結果を出すのが先」か。
あなたはどっち？　ここを知らないと、「やる気」が出ないとき苦労する。

◉「進捗の法則」を活用

営業とモチベーションは、切り離せないほどに密接な関係です。
うまくいかないことがあると、「やる気」がなくなることはないでしょうか。
大丈夫です。こうしてみてください。
「しんどいとき、迷ったときは、5件だけ、アプローチしてみる」と。
ひどい、と思われたかもしれません。
私は精神論は言いません。根拠のある方法なのです。だから言いました。
「進捗の法則」をご存じでしょうか。

説いたのは、テレサ・アマビールとスティーブン・クレイマー。

ハーバード・ビジネス・レビューにも寄稿する組織学と心理学の学者です。

内容はこう。（※②）

「有意義な仕事の進捗を図ること」こそが、モチベーションに影響する。

大きな結果を得ることより、前に向かって少しでも進捗を実感することができれば、「やる気」が高まる、といった考え方です。

つまり、結果は後。結果が出ていなくても、「進捗」を実感すれば、やる気を高めることはできるのです。

では、なぜ「5件」なのか。

1件だと、そんなにうまくいかないかもしれませんが、5件のアプローチをすれば、提案の機会をいただけるなど、良い話を聞けるチャンスを得やすいからです。

すると、「良い話」によって、前に進んでいる実感を得られるものです（アプローチするだけでは、前に進んでいる感覚は得られないでしょう）。

私も、特に営業を始めたばかりの頃は、2〜3週間に1回はありました。

※②『ハーバード・ビジネス・レビュー［ＥＩシリーズ］幸福学』（ハーバード・ビジネス・レビュー編集部編、ダイヤモンド社）より

「気が乗らないな…」

でも、そんなときにこそ、「よし、5件」と自分を奮い立たせると、不思議と良い話に触れることが多く、〝やってよかった〟と思えることもしばしばありました。

この繰り返しの中で、いつしか「5件」をやることが、やる気を出す薬のようにもなっていったのです。

◉「大きな喜び」より「小さな喜び」が多いほうがいい理由

心理学者のダニエル・ギルバートは、こう言っています。（※②）

「毎日、ささやかな良いことが十数回起こる人は、本当に驚くほど素晴らしいことが一回だけ起こる人よりも幸せである可能性が高い」と。

さらに、こうも言います。

「私たちは、一つか二つの大きな出来事が深い影響を与えると想像しがちですが、幸福は無数の小さな出来事の総和なのです」と。

私は、**「5件」の訪問をするときに、ただ訪問するのではなく、「お客様から感謝される仕掛け」を用意**していました。

具体的には、お客様の関心のありそうな情報を「営業ツール」にして、持参していました。

「お役に立てそうな資料を作成しました。もしよろしければ近くまで来ていますので、お持ちしたいと思いますが、いかがでしょうか？」と。

訪問するごとに「ありがとうね」と言われていると、だんだん〝もうちょっと、やってみたいな〟と思えてくるもの。

ささやかなことではありますが、これが何度も起こると、やる気が徐々に高まっていくものです。

「やる気が出ないとき」こそ、お客様の「ありがとうね」をもらえる、そんな「5件」のアプローチをしてみてはいかがでしょうか。

Point

「やる気が出ないとき」こそ、一歩でいいので踏み出すことが、特効薬となる。

05

スランプに陥ったときの対処法

うまくいかないとき、あと少しだけ頑張ってみるといい。ほんの1センチ先に、今までとは違う飛躍が待っていることが、あまりに多いから。

⊙スランプの後に、必ず飛躍が待っている

スランプを感じたときの対処法を紹介しましょう。

今まで契約をバンバンとれていたのに、いきなり低迷してしまう…といったことは、営業をしていると必ずあるものです。

だから、悲観する必要はありません。

むしろ、飛躍のチャンスが来た、と考えるべきときです。

スランプには様々な要因がありますが、代表的なものは**「プラトー現象」**です。これ

プラトーの後に、必ず飛躍が待っている

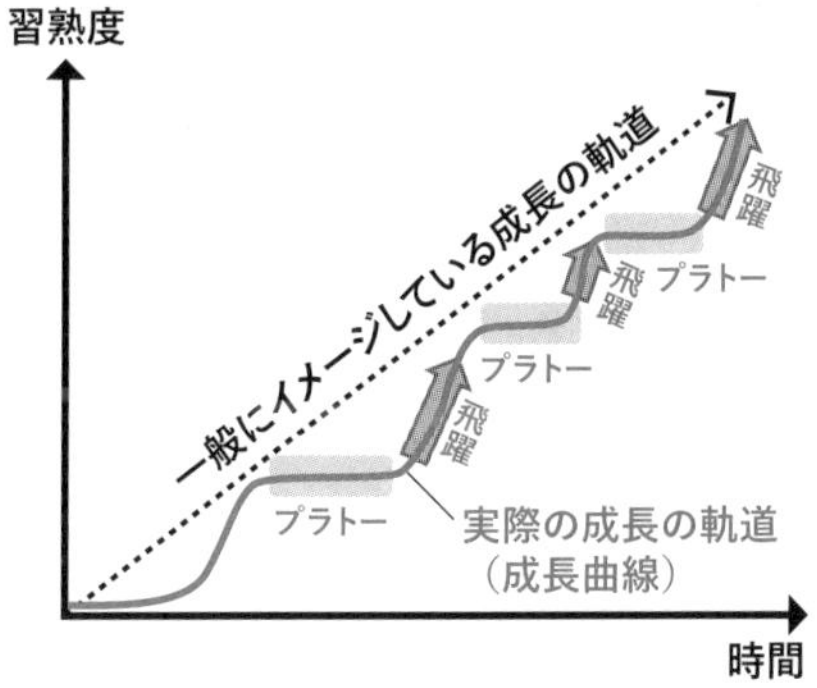

は「高原現象」とも呼ばれるもので、いわゆる〝伸び悩み〟のことを指します。

そもそも人は、ずっと一定のスピードで成長するわけではありませんので、スランプは当たり前のことではあるのです。

「成長曲線」という言葉を聞いたことはないでしょうか。人の成長は、上図のブルーの線で表すことができます。

「プラトー」とはこの成長曲線において、横ばいの状態の時期のこと。ここを突破するとグンと一気に上がる、つまり飛躍のステージが待っている時期なのです。

スランプの渦中にいるとなかなか実感できませんが、成長のためには不可欠なステップで、スランプのときこそ、少し

手を伸ばしたところに飛躍のチャンスがある、と考えるといいでしょう。

⦿スランプを脱出する第一歩とは？

とはいえ、苦しみに耐え続けていけばいいわけではありません。

脱出する方法も紹介しましょう。

ささやかな「小さな工夫」を加えてみてください。

例えば、服装を変えてみる、髪型を変えてみるといったことでもいいでしょう。

手帳を変えてみる、ペンを変えてみるのも1つの手。

もちろん、営業トーク、リストを変えてみるのもお勧めです。

「そんな簡単なこと？」と思われたかもしれませんが、マンネリをやめてみることで、今まで気づかなかった新たな気づきを得ることができるでしょう。


面白い話があります。

メジャーリーグで活躍していたイチローにもスランプはあったそうです。

プラトー期にあったイチローがやったこと、それは「オールドスタイル」というソックスを見せるユニフォームに変えたことでした。

練習中に〝なんとなく〟変えたところ、動きやすさ、走りやすさに衝撃を受け、「こんな単純なことに、なぜ気づかなかったのだろう」と言ったといいます。（※③）

私にも経験があります。

あるときは、ノーネクタイで営業をしたこともありました。

これだけでもマンネリ感は、一気に払拭できます。

ノーネクタイで信頼を勝ち取るためには、姿勢、歩き方、指先の動き、言葉のチョイスまで気を配る必要が出てきます。


さああなたも、スランプと感じたときこそ、アイデアレベルでもいいので、「小さな工夫」をしてみることから始めてみませんか。

Point

スランプは飛躍のチャンス。脱するための鍵は、「小さな工夫」をすること。

※③All About ストレスフリーの思考術「プラトー期からの脱出法…ダイエットや勉強の停滞期に」（大美賀直子）より

06 プレッシャーで寝られなくなったときの対処法

「夜明け前が最も暗い」。これは映画で有名になった言葉である。でも、「約束しよう。夜明けは必ず来る」とさらに言葉が続くことは、あまり知られていない。

⊙必ず「良い経験」に変化する不思議

プレッシャーを感じて寝られなくなったときは、こう考えてください。

それが癒されるのは、努力によってではない。時間が解決する、と。

プレッシャーを感じているのであれば、「やるべきこと」をやり、「新たな工夫」をする。後は事態が好転するのが早いか、それとも気持ちがラクになるのが早いか、それは神のみぞ知るです。必ずあるタイミングで鍋底から這い上がり、「あの時はしんどかったけど、あの経験があって良かったな」と思えるようになるでしょう。

初めて告白しますが、営業責任者をしていたとき、強いプレッシャーを感じ、本調子ではない時期がありました。

悪いことに、誰にも相談せず、一人でいろいろと考え込んでしまっていたのです。

普段は5秒もあれば寝落ちをするタイプなのですが、その頃はまったく寝られずに朝を迎えてしまい、そのまま会社に出勤するわけですが、降りるべき駅でボーッとして降りそびれてしまう始末…。

喉がつっかかる感覚を覚えたのもこの頃です。

耳鼻咽喉科に行くと、「疲れ」と診断されました。

それでは不安なので、大病院にも行きましたが、診断はやっぱり「疲れ」でした。

心療内科でも診てもらいました。診断は「大丈夫。疲れです。リラックスしなさい」というものでした。でも、たぶんギリギリのところだったのでしょう。

きっと今、それくらい追い込まれている人もいるのではないでしょうか。

でも、言いますね。私の経験では、それは**「時間が癒してくれる」**、**そして、「やることをやり、開き直るしかない」**と。

後になって、あの経験があって良かったな、と気づくことがあります。

私自身はそれ以来、良い意味で力みすぎることはなくなりましたし、仕事も純粋に面白くなりました。人に寛容にもなりました。それから15年くらいがたちますが、ずっといい状態を続けられています。時期にすると、ほんの一瞬ではありましたが、その経験があったからこそ今があると確信しています。

うまくいきっぱなしの人より、「しんどい経験」があった人のほうが、自己変容のチャンスが得られるもの。悩んだことは、必ず「飛躍のチャンス」になるのです。

営業という仕事は、評価のプレッシャー、お客様からのプレッシャー、後輩からの突き上げのプレッシャー……プレッシャーだらけにも思えます。でもその分、自分自身の考え方を変える機会に恵まれ、飛躍のチャンスもつかみやすい職業だと、私は確信しています。

Point

プレッシャーを感じ、しんどくなったら、自分を俯瞰してみる。

07 目標達成がまったく見えないときの対処法

未達成は嫌なものだが、「悪い未達成」と「良い未達成」がある。「良い未達成」とはどんなものか。それを知ることで「やる気」は高まる。

◉絶対にやるべき2つのこと

目標達成が見えなくなる経験は、誰しもあること。

やる気が落ち、フットワークが悪くなったことはないでしょうか。

中には、「自分は営業に向いていないのでは」と思い始める人もいるでしょう。

こうした状況になってしまったとき、**さらなる悪循環に陥ってしまわないために、やるべきことが2つあります。**

【達成が〝まったく〟見えないときにやるべきこと】

①達成に固執せず、どこまでやり切るのかを自分で決める。

②次の仕込みをしておく。

この2つをしておけば、間違いありません。

「100％の達成は、どう考えても厳しい。でも90％の達成まではやり切る」

「今回のマイナス分を取り戻すほどの高い達成率を次の期間で実現すべく、同時に今から仕込みをしておこう」

と決め、あとは迷わずにやるべきことをやるのみです。ダメージを最小限に抑えることができ、なおかつ次の飛躍のチャンスも仕込んでいる、というわけです。

私も実は経験があります。新人の頃でした。

目標達成が厳しくなったことがあります。その時にこうしました。

「新規開拓の目標は事業部で一番を目指そう。そうすることで達成率を90％台に乗せておく。そして次の期間で高い達成率を実現し、マイナス分を取り戻して帳尻を合わす」

つまり、そうやって年間または半期のトータルで達成しているという状況をつくることで、評価への影響がないように食い止めたことがありました。

一番良くないのが、どっちつかずのままに時間が過ぎるのを待ってしまうこと。

目標を大きく外すだけでなく、次の期間の目標達成も厳しくなってしまいます。

やることを決め、迷わずに、あたかもオートマチックにやり切る日々の中で、やる気が落ちることはかなりの確率で防げます。

⊙反省よりも大事なこと

数字が厳しいとき、「なぜ、なぜ」と要因を分析することは大事です。

でも、もっと大事なのは、「いつ、どうなりたいか」、そんな理想の自分の姿を描けているかです。

これがないと、ただ反省をするしかなくなってしまいます。

「ポジティブ心理学」という新たな心理学の分野があります。

この心理学では、「人はみずからの過去に押されて進むだけではなく、実際には自分の未来像に牽引されることを見出している」と言います。（※④）

だからこそ、**まずこうなりたいという「未来像」を鮮明に描いてみてください。**

※④『DIAMOND ハーバード・ビジネス・レビュー』のホームページに掲載の翻訳記事「未来の自分を決めるのは、自分自身である」（ベンジャミン・ハーディ）より

鮮明にするほどに、未来像に牽引されやすくなります。

「いつ、誰に、どんな営業をし、どんな評判がたっているのか？　そして、どのくらいの実績を上げているのか？」など、想像でいいので描いておくのです。

私も求人広告の営業をしていたときにやりました。

「企業から、伊庭にお願いすれば、必ず良い人が採用できるという評判ができ、ほとんど紹介だけで仕事が入り、さらに、お客様から勉強会の依頼が入る。業績は社内で全国1位になる」

最初は妄想のようなものでしたが、結果的にそうなりました。

でも、そりゃそうです。そうなるために努力をするようになるからです。

反省は大事です。でも、もっと大事なのは、「自分の未来」を鮮明に描くことです。

トップセールスになれるかどうかはスキル以上に、意志によります。

Point

数字が厳しいときは反省も大事だが、こうなりたいという「未来像」を鮮明に描くことはもっと大事。

〈著者略歴〉

伊庭正康（いば・まさやす）

株式会社らしさラボ代表取締役。

1991年、リクルートグループ入社。求人事業の営業に配属。営業としては致命的となる人見知りを、4万件を超える訪問活動を通じ克服。年間を通じての全国トップ表彰を、プレイヤー部門とマネージャー部門の両部門で4回受賞。社内表彰は累計40回以上。その後、営業部長、関連会社の代表取締役を歴任。

2011年、研修会社「らしさラボ」を設立。営業力強化、リーダーシップ、フォロワーシップ、タイムマネジメント、ストレス対策などの研修・講演・コーチングを実施。特に、その人「らしさ」を活かし、営業マンや営業リーダーのパフォーマンスを飛躍的に向上させる手法が評判を呼び、年間約200回の企業研修を行っており、そのリピート率は9割を超える。

また、誰もが受講でき、世界5,000万人が受講するWebラーニング「Udemy」でも、営業をはじめとしたコンテンツを提供。ベストセラーコンテンツとして紹介されている。

著書に、『できるリーダーは、「これ」しかやらない』『トップ3%の人は、「これ」を必ずやっている』（ともにPHP研究所）、『目標達成するリーダーが絶対やらないチームの動かし方』（日本実業出版社）、『結果を出す人がやっている！仕事を「楽しくする」方法』（明日香出版社）ほか多数。日本経済新聞、ビジネス誌から女性誌まで、幅広くマスコミでも紹介されている。

※無料メールセミナー（全8回）「らしさラボ無料メールセミナー」、
YouTube：研修トレーナー伊庭正康の「ビジネスメソッド」も好評。

装丁――――――――――小口翔平+加瀬梓（tobufune）
図版・本文デザイン――――桜井勝志

できる営業は、「これ」しかやらない
短時間で成果を出す「トップセールス」の習慣

2021年3月4日　第1版第1刷発行

著　者　伊　庭　正　康
発行者　後　藤　淳　一
発行所　株式会社PHP研究所
東京本部　〒135-8137　江東区豊洲5-6-52
第二制作部　☎03-3520-9619（編集）
普及部　☎03-3520-9630（販売）
京都本部　〒601-8411　京都市南区西九条北ノ内町11
PHP INTERFACE　https://www.php.co.jp/

組　版　有限会社エヴリ・シンク
印刷所　株式会社精興社
製本所　株式会社大進堂

ISBN978-4-569-84859-4